Thomas Kramer

Karl May

W0011715

Thomas Kramer

Karl
May

Ein biografisches Porträt

FREIBURG · BASEL · WIEN

MIX
Papier aus verantwor-
tungsvollen Quellen
FSC® C017859

Originalausgabe

© Verlag Herder GmbH, Freiburg im Breisgau 2011
Alle Rechte vorbehalten
www.herder.de

Satz: Layoutsatz Kendlinger, Freiburg
Herstellung: CPI Moravia Books, Pohorelice

Printed in Czech Republic

ISBN 978-3-451-06237-7

Inhalt

„Das hat uns schon Karl May erzählt"

Einleitung

Das hat uns schon Karl May erzählt, der weiß Bescheid,
der weiß Bescheid,
er zeigte uns die ganze Welt, und wer's nicht glaubt,
der tut mir leid.

Micky und Gaby

Als Showmaster Thomas Gottschalk in einem großen Nachrichtenmagazin drei Romane loben durfte, wählte er „Winnetou I, II, III". Andere Urteile zu Karl May und seinem Werk reichen von Ernst Blochs „Es gibt nur Karl May und Hegel – alles dazwischen ist eine unreine Mischung" bis Klaus Manns „Cowboy-Mentor of The Fuehrer". Zu seinen populären Verehrern zählen Albert Einstein und Adolf Hitler, Dieter Bohlen und Bert Brecht. Die Ereignisse in Südosteuropa, im Nahen Osten und in Afrika demonstrieren eindringlich die ebenso erstaunliche wie beklemmende Aktualität seiner Bücher. Schließlich führen Mays Romane „Durchs wilde Kurdistan", „Von Bagdad nach Stambul", durch die „Schluchten des Balkan" und ins „Land des Mahdi", dem damals wie heute bürgerkriegszerrütteten Sudan. Die Karl-May-Filmwelle der Sechzigerjahre bescherte einem Franzosen und einem Amerikaner unsterblichen Ruhm als populärstes Liebespaar der deutschen Leinwand. 2001 verwies Bully Herbigs Parodie dieser Erfolgsserie „Der Schuh des Manitu" mit über zehn Millionen Kinobesuchern internationale Großproduktionen auf die Plätze.

Naturbühnenspektakel nach Karl May zwischen Elspe und Bad Segeberg ziehen auch heute noch allsommerlich Hunderttausende Besucher in ihren Bann. Die Gesamtauflage seiner Romane überschritt bereits vor Jahren die Hundert-Millionen-Grenze, die Forschungsliteratur ist inzwischen kaum noch überschaubar. Mittlerweile dokumentiert sogar eine „Karl-May-Chronik" auf über 3000 Seiten akribisch die 25 600 Lebenstage des Kultautors. Derartiges blieb bislang Größen wie Goethe oder den Beatles vorbehalten.

Als das Schweizer Duo „Micky und Gaby" 1961 den Plattentitel „Das hat uns schon Karl May erzählt" einspielte, konnte es auf schmunzelnd-einvernehmliche Zustimmung beim deutschen Radiohörer rechnen. Die „Grünen Bände" mit Klassikerseriosität verheißendem güldenem Schriftzug auf dem Buchrücken und knallbuntem Titelbild gehörten zum bundesdeutschen Alltag wie der VW-Käfer, Nylons und Nierentisch. Karl May hatte im Wirtschaftswunderland noch einmal Saison. Doch 1968 und die Folgen wurden auch zum Schicksal für May und sein Werk: In gleichem Maße, in dem sein Schaffen endlich mit einer neuen Generation von Akademikern Eingang in die gar nicht mehr so ehrwürdigen Hörsäle und Seminarräume fand, verdrängten amerikanische Serienhelden und Fantasy-Heroen Old Shatterhand und die Seinen aus öffentlichen Bibliotheken und Jugendzimmern. Seitdem verabschiedet sich der eigentliche Karl May aus dem öffentlichen Bewusstsein.

Allerdings hat eine Reihe von Vorurteilen über Autor und Produkt sein Verschwinden aus der Wahrnehmung der Leser überdauert. Zu den hartnäckigsten gehören: „Der hat seine Bücher im Knast geschrieben", „alles Indianerspiele, Kinderkram" oder „May war ein übler Nationalist und Rassist. Seine Romane propagieren den deutschen Übermenschen."

Doch sind das alles tatsächlich nur böswillige Verleumdungen? Wo endet die Wahrheit über Karl May, wo beginnt der Mythos? Dass sich der Autor nicht nur in seinen Abenteuergeschichten, sondern auch und besonders in seiner Selbstdarstellung als begnadeter Märchenerzähler erweist, erschwert eindeutige Antworten.

Ausgehend vom 22. Februar 1912, an dem May in Wien seinen Vortrag „Empor ins Reich der Edelmenschen" hält, soll trotzdem versucht werden, eine Schneise in das wuchernde Dickicht aus Halbwahrheiten und Legenden zu schlagen. Im Unterschied zu herkömmlichen biographischen Studien wird dabei der erstaunlichen Aktualität seiner Romane und dem Platz seines Werkes im Mythenkosmos der Menschheit besondere Aufmerksamkeit geschenkt.

Ein siebzigjähriges Autorenleben lässt sich nicht auf einen auch noch so bedeutsamen Tag reduzieren. Politiker und Feldherren wie Cäsar, Napoleon oder Churchill hatten mit Zwanzig Visionen, auf deren Verwirklichung sie konsequent zusteuerten. Irgendwann erlebten sie deren triumphale Verwirklichung oder ihr grandioses Scheitern. Anders Karl May. An seinem zwanzigsten Geburtstag fiebert er seelisch zerrüttet einer sechswöchigen Haft entgegen. Als er seine ersten literarischen Zeilen verfasst, ist er über Dreißig. Erst nach fünf Jahrzehnten chaotischen Lebens etabliert er sich als Bestsellerautor mit Villa, Autogrammkarten und Fanclubs. Bald darauf wurde er das Opfer von Rufmordkampagnen und Prozesslawinen, die ihn bis zu seinem Ende peinigten.

Über ein biographisches Interesse hinaus stellt sich die Frage, ob und wieso man einen 1912 verstorbenen Autor, der vor allem durch exotische Abenteuerromane bekannt wurde, heute, im Zeitalter von iPod, Massentourismus und Computerspiel, überhaupt noch lesen sollte.

Es spricht in der Tat einiges dafür, dass sich nicht nur die „reifere Jugend" mit Gewinn erneut dem Schöpfer gewaltiger Wüsten- und Prärieepen und mystischer Universen eines symbolistischen Spätwerks zuwenden könnte.

Über erwähnte Vorurteile hinaus ist nämlich kaum bekannt, dass Mays Aufrufe zum Dialog mit der islamischen Welt heute genau so aktuell sind wie zu ihrer Entstehungszeit.

Schließlich prägte kein deutscher Autor das Bild des Nahen Ostens und seiner dominierenden Religion in vergleichbarer Weise. Der syrisch-deutsche Autor Rafik Schami brachte es auf den Punkt: „Bei Allah, dieser Karl Ben May hat den Orient im Hirn und Herzen mehr verstanden als ein Heer heutiger Journalisten, Orientalisten und ähnlicher Idiotisten." Völlig zu Unrecht reduziert man Mays Romane häufig auf klassische Lagerfeuerromantik, Pulverdampf und Hufgetrappel. Dabei war der Sachse Vordenker weit darüber hinausreichender moderner Medienformen. Streift man mit offenen Augen durch die Kinolandschaft, wird man erstaunt registrieren, in welcher Breite und Tiefe sein Werk in den Dreißiger- und Vierzigerjahren des zwanzigsten Jahrhunderts unbemerkt im Hollywoodkino Fuß fasste und nach vielfachen medialen Übersetzungen inzwischen internationale Produzenten moderner Filme und Computerspiele beeinflusst. Die ahnen zumeist vom sächsisch-provinziellen Ursprung ihrer Inspirationen nichts. Einiges von Karl May vermag mit all den Fantasy-Romanen, bombastischen 3-D-Events oder Quotenstürmern auf Bildschirm, Leinwand und PC gut und gern mitzuhalten.

Die angelsächsischen Trivialmythen Tolkiens mit seinem „Herr der Ringe"-Zyklus und dessen Verfilmung oder George

Lucas mit seinen „Star Wars"- und „Indiana Jones"-Kosmen dominieren das kulturelle Unbewusste der Leser und Kinogänger. Ein Karl May ist beiden Titanen in Vielem vergleichbar. Seine literarische Landkarte wimmelt von sächselnden Hobbits, schwarzgewandet-dämonischen Darth-Vader-Charakteren und abenteuerversessenen Akademikern mit Schlapphut und abgewetztem Lederdress auf der Jagd nach verschollenen Artefakten. Dass „Die Sklavenkarawane", „Der Schatz im Silbersee" oder „Old Surehand" nicht von Leinwanddesignern wie David Lean, John Ford oder George Lucas, sondern Produzenten von Stangenware wie Georg Marischka, Harald Reinl oder Alfred Vohrer verfilmt wurden, kann man dem Autor der literarischen Vorlagen nicht anlasten.

In einer Epoche weltweiter Umbrüche mit ihren brutalen Auswirkungen an Handlungsorten seiner Romane wie Darfur oder dem Irak lohnt es sich durchaus, eine skalpgeschmückte Lanze für einen fast in Vergessenheit geratenen Autor zu brechen. Karl May kann einem Leser in Zeiten der Globalisierung, fundamentalistischen Terrors und dramatischer Finanzkrisen viel Wissens- und Nachdenkenswertes bieten. Auch die Beschäftigung mit seinem Privatleben, das nicht minder neurosenüberschattet und skandalgepflastert ist als das moderner Boulevardgrößen, ermöglicht erstaunlich aktuell anmutende Einsichten in eine von Heuchelei, Doppelmoral und Intoleranz dominierte Welt.

Rückblicke, Vorausschau und Perspektivwechsel machen es dabei leichter, der komplizierten Persönlichkeit und dem Werk Karl Mays wenigstens in Ansätzen gerecht zu werden.

So setzen die folgenden Ausführungen auch nicht mit seiner Geburt, sondern wenige Tage vor seinem Tod ein.

Karl May in Wien
Der 22. März 1912

Da steht er, weißhaarig, aufrecht, knappe 1,65 Meter. Der Redner am rotsamtenen Pult hat die Welt um sich vergessen. Weit über zwei Stunden hält der eben von einer Lungenentzündung Genesene sein Publikum in Atem.

Es ist wieder Frühling in Wien, im Prater blühen die Bäume, ein Tag wie aus einer Strauß-Operette oder einem Schlager von Robert Stolz. Vom später einsetzenden Nieselregen und der abendlichen Kühle spürt das Publikum im mit weit über 2000 Gästen überfüllten Sophiensaal im siebten Bezirk nichts. Die Menschen erwarten sich ein Fest, vielleicht sogar eine persönliche Begegnung mit dem angebeteten Autor.

Karl May ist ein letztes Mal am Ziel seiner Wünsche. Schließlich ist Wien die Hauptstadt der jahrhundertealten Habsburgerherrschaft; noch immer regiert der greise Kaiser Franz Joseph ein gewaltiges Imperium. Doch Europa sitzt auf einem Pulverfass, dessen Zündschnur auf dem Balkan, durch dessen Schluchten einst Mays Helden ritten, längst glimmt. Diejenigen, die vor der Explosion, vor dem dadurch verursachten Weltenbrand warnen, sind eine ungehörte, belächelte oder angefeindete Minorität. Daran ändert auch nichts, dass sich darunter so prominente Mahner wie Berta von Suttner, die für ihr Engagement 1905 den Friedensnobelpreis verliehen bekam, oder ein Bestsellerautor wie Karl May finden. Wenige Jahre nach seinem Wiener Vortrag versinkt die „Welt von Gestern" an der Somme, bei Verdun und am Isonzo für immer in einem blutigen Meer des Grauens. Wie es Friedrich

Engels schon 1887 prophezeite, rollen danach auch die Kronen Österreich-Ungarns neben Dutzenden anderer über die Pflastersteine Europas.

In diesem Frühjahr 1912 aber sonnt sich die Donaumetropole noch im alten imperialen Glanz, hat sie ihre Faszination auf Glücksritter, Liebespaare oder Künstler noch nicht verloren. Keiner beschreibt das eindringlicher als Stefan Zweig in seinen wehmütigen Erinnerungen an „Die Welt von Gestern": „In kaum einer anderen Stadt Europas war nun der Drang zum Kulturellen so leidenschaftlich wie in Wien." Und als habe er dabei an Karl Mays Vortrag gedacht, fährt er fort: „Aufnahmewillig und mit einem besonderen Sinn für Empfänglichkeit begabt, zog diese Stadt die disparatesten Kräfte an sich, entspannt, lockerte, begütigte sie; es war lind, hier zu leben, in dieser Atmosphäre geistiger Konzilianz, und unbewußt wurde jeder Bürger dieser Stadt zum Übernationalen, zum Kosmopolitischen, zum Weltbürger erzogen."

Im Sophiensaal, wo Karl May an jenem 22. März spricht, verkehrt in der Regel nicht das Logenpublikum des Burgtheaters. Die Honoratioren Kakaniens verirren sich selten in das innovative Kulturzentrum in der Marxergasse. Es behagt ihnen nicht, dass in seinen Räumen Faschingsveranstaltungen und Lesungen junger Wilder stattfinden oder studentische Bieropern ihre feuchtfröhliche Premiere erleben. Entsprechend hämisch fallen auch einige der Pressekommentare zu Mays Auftritt aus. So schreibt das „Illustrierte Wiener Fremdenblatt" am nächsten Tag: „Der Sofiensaal ist verpönt, es müsste denn sein, daß er allen eitlen Tand aus seinen Räumen verbannte und eine ernste Maske aufsetzte. Er hat es gestern versucht, doch es ist ihm trotz heißesten Mühen nicht gelungen, den Karneval ganz vergessen zu machen. Er war vor al-

lem dicht gefüllt, genau so, wie bei der Faschingsdienstagsre-
doute. [...] Die Gemeinde Karl Mays übersteigt den Fas-
sungsraum des Sofiensaals, sie übersteigt aber auch die Fas-
sungskraft aller jener, die schließlich und endlich doch nicht
vergessen können, daß in Wien Grillparzer gelebt hat und
Beethoven gestorben ist." Dem Gastgeber Robert Müller, Leiter des „Vereins für akademische Bildung", ist bewusst, dass
der hauptstädtischen Nomenklatura der Auftritt des
„Winnetou"-Autors nicht passt: „Germanisten, Professoren
und andere öde Kerle sind dagegen. Und alles Frischere und
Buntere weiß ein Wörtchen pro zu sagen." Beim Publikum,
das seinen Helden frenetisch feierte, überwiegt an jenem
Märzabend das „Pro" bei weitem.

Zum von Heurigen fröhlich gestimmten Studentenvölk-
chen, vom expressionistischen Feuer beseelten Jungliteraten
und schriftstellernden Kontoristen gesellt sich an diesem 22.
März noch eine ganz eigene Klientel. Der Saal wird von jugendlichen Karl May-Enthusiasten, deren es in Österreich
besonders viele gibt, gestürmt. Diese Gymnasiasten wollen
den Helden ihrer eskapistischen Träume endlich in Natura erleben. Wie die Wiener „Neue Freie Presse" heben die Zei-
tungsberichte das für literarische Abende eher ungewöhnli-
che soziale Profil und Alter der Sophiensaalbesucher hervor:
„Kleinbürgerliche und vorstädtische Frauen und Männer,
kleine Angestellte, halbwüchsige Jünglinge und Mädchen,
selbst Knaben."

Expressionist und Nobelpreisträgerin
Der Vortrag wird die meisten dieser Zuhörer, die nicht mit
Mays Spätwerk vertraut sind, überraschen. Sie erhoffen sich
wilde Geschichten über Banditen und Rothäute des Wilden

Karl May am 22. März 1912 in Wien

Westens oder Raubkarawanen des Maghreb, denen ihr Donnerbüchsenheros das schmutzige Handwerk legt. Dem Schriftsteller Robert Müller und der prominentesten Besucherin des Abends, Berta von Suttner, sind die aktuellen Thesen Mays allerdings bereits aus seinem wenig populären Alterswerk vertraut. Sie ahnen deshalb, dass Marterpfahl und Blutrache heute keine Rolle spielen werden.

Dass der reise- und abenteuerlustige Expressionist Robert Müller den schon damals umstrittenen Erfolgsautor einlädt, verwundert niemanden. Aber was verbindet Berta von Suttner, die mit dem „Winnetou"-Autor bereits seit 1906 korrespondiert, mit Karl May?

Die Angehörige eines alten böhmischen Adelsgeschlechts, die auf der österreichischen Zwei-Euro-Münze ein wenig matronenhaft wirkt, und der Exsträfling aus dem Vorerzgebirge passen allerdings nur auf den ersten Blick nicht zusammen.

Im Grunde sind der sächsische Proletariersohn und die österreichische Aristokratin jedoch vom gleichen Schlag. Sie sind nicht nur fast gleichaltrige Geschwister im Geiste, sondern auch der Tat. An abenteuerlichen Wendungen mangelt es im Leben der als Gräfin Kinsky von Wchinitz und Tettau geborenen späteren Bertha Sophia Felicita Baronin von Suttner nämlich keineswegs. Dabei erinnert manches an Mays bizarre Kolportageromane um das „Waldröschen" oder den „Verlorenen Sohn". Nachdem ihre früh verwitwete Mutter durch Spielschulden bankrott war, musste Berta seit 1873 wie viele verarmte weibliche Adlige ihren Lebensunterhalt als Gouvernante in der angesehenen Familie von Suttner bestreiten. Doch sie kümmert sich ein wenig zu intensiv um den Nachwuchs. Die Gräfin brennt mit dem jüngsten Sohn der Familie nach Paris durch. Allerdings ist die Seine-Metropole für das mittellose Paar – ihr Mann wurde umgehend enterbt – zu teuer. So zieht man 1877 gen Osten. Die Suttners kommen am Hof des georgischen Fürstentums Mingrelien im Kaukasus unter. Der war erst zwei Jahrzehnte früher nach blutigen Kämpfen endgültig von den Russen annektiert worden. Der französische Karl May, Alexandre Dumas, geistiger Vater der „Drei Musketiere", beschreibt die erbitterten Auseinandersetzungen zwischen Regierungstruppen und Rebellen nach einer Reise 1858/59 ebenso wie Leo Tolstoi, der dort als junger Offizier diente. Zur Ruhe kommt die Region angesichts Moskauer Großmachtträume, ethnischer Konflikte und islamistischen Terrors bis heute nicht.

Das Schicksal der jungen Eheleute könnte aus einem Roman Mays stammen: Zwei Sprösslinge europäischer Adelshäuser inmitten asiatischster Wildnis. Nicht ohne Grund macht Madame Chauchat in Thomas Manns „Zauberberg" die umgekehrte Reise. Im Tuberkulosesanatorium lässt die Botschafterin östlicher Herzen die Fieberkurven abendländischer Männerwelten steigen. Fabuliert May 1895 von einem Aufenthalt im Kaukasus zwecks Auerochsenjagd, lebt das Ehepaar Suttner 1877/78 tatsächlich inmitten stolzer georgischer Bergvölker. Wie der frisch verheiratete May im fernen Dresden verfasst man dort unter Pseudonym zunächst schlichte Unterhaltungsliteratur. Bezieht Karl May sein Wissen über das osmanische Reich für den Orientzyklus aus literarischen Quellen, nutzen die von Suttners die unmittelbare Nachbarschaft zu den Schauplätzen des russisch-türkischen Krieges von 1877 für spektakuläre Reportagen, die deutschsprachige Journale umgehend abdrucken. Nach Rückkehr und Aussöhnung mit der Familie des Mannes beziehen die von Suttners 1885 ihr eigenes Schloss in Niederösterreich. Karl May hatte sich erst elf Jahre später seine „Villa Shatterhand" erschrieben. Der ganz große literarische Durchbruch erfolgt für beide fast gleichzeitig: Suttners Bestseller, der pazifistische Roman „Die Waffen nieder", erscheint 1889. Ein Jahr zuvor hatte Karl May in der Zeitschrift „Deutscher Hausschatz" gerade seinen Orient-Zyklus beendet, der in der Buchform 1892 zu einem seiner größten Erfolge wird.

Mehr noch als mit Berta von Suttner verbindet May mit dem expressionistischen Autor Robert Müller. Neben von Suttners war es vor allem Müllers Initiative zu verdanken, dass der geistige Vater Winnetous nun in Wien referierte. Nach eigenem Bekunden war der 1887 geborene Müller gerade aus Mays Sehnsuchtsland Amerika zurückgekehrt, was auch May 1908 zum ersten Mal besucht hatte. Und Robert Müller war fasziniert von Mays Werk und Persönlichkeit. In einem kurz vor dem Vortrag erscheinenden Beitrag der expressionistischen Zeitschrift „Der Brenner" stellt er ihn in eine Reihe mit Oscar Wilde, Edgar Allan Poe und Maxim Gorki. Gerade Mays frühe Verfehlungen in der bürgerlichen Welt prädestinierten ihn zum wahren Dichter: „Seine Flegeljahre, so die übrige lyrisch-deutsche Jugend zu freien Rhythmen und kleinen Anfangsbuchstaben benützt, verwendete May zum Erleben. Er hatte damit mehr Erfolg als jene mit dem Substrat ihrer Krämpfe. Er stahl Uhren und Pferde. Kurz, er erlebte."

Ein Mann nach Müllers Geschmack. Der will in den USA nicht nur als Journalist in New York gearbeitet haben. Wie er in seinem Roman „Der Barbar" 1920 behauptet, durchzog er als Tramp, Barkeeper und Hafenarbeiter den gesamten Doppelkontinent. Das hatte er von Karl May. Solche authentizitätsbeteuernden Erfindungen gehören zum Bild des abenteuernden Autors. Emilio Salgari, ein italienischer Karl May, bediente sich ihrer ebenso wie T.E. Lawrence, der legendäre Lawrence von Arabien. Doch nicht nur die Hochstaplerkarriere seines berühmten sächsischen Kollegen interessiert Müller. Im Unterschied zu den meisten Erwartungsfrohen im Sophiensaal hat er nämlich auch Mays Spätwerke gelesen. In Abenteuerromanen wie „Der schwarze Mustang" warnt dieser vor „Halbbluts" wie dem verräterischen Scout Ik Senanda, einem jener „Mischlinge, welche zwar die körperlichen Vorzüge, aber dazu leider auch die moralischen Fehler ihrer verschiedenfarbigen Eltern erben." Vorbehalte gegenüber „Mischlingen" kultiviert der Autor bis zum Lebensende.

Die Superrasse

Doch laut Karl May existiert eine positive Ausnahme: Der germanisch-indianische Edelmensch, der im Zeichen des Kreuzes das raffsüchtige Yankeetum überwinden wird. So lässt er zu Beginn seines großen Alterswerkes „Ardistan und Dschinnistan" von 1909 die weise kurdische Fürstin Marah Durimeh prophezeien: „Dieser rote Mann stirbt nicht. Und der Deutsche geht nicht hinüber, um des Indianers Feind zu sein. Sie haben beide das, was wohl kein anderer hat, nämlich Gemüt, und das wird sie vereinen. […] Der gegenwärtige Yankee wird verschwinden, damit sich an seiner Stelle ein neuer Mensch bilde, dessen Seele germanisch-indianisch ist. Diese neue amerikanische Rasse wird eine geistig und körperlich hochbegabte sein und ihren Einfluß nicht auf die westliche Erdhälfte allein beschränken." Das gefällt Robert Müller. Während prominente Österreicher wie der 1910 verstorbene Wiener Bürgermeister Karl Lueger die Rettung der Monarchie vor Anarchie und Zerfall im Antisemitismus – von dem sich auch Müller mitunter nicht frei zeigte – und anderen Rassismen sahen, zog dieser Autor aus der seit der Jahrhundertwende boomenden „Rassenlehre" andere Schlussfolgerungen. Gerade die möglichst intensive und beliebige Vermischung verschiedenster Völker und Ethnien wäre Gewähr einer neuen Superrasse. In Müllers von Alfred Döblin wie Thomas Mann geschätzten avantgardistischen Roman, „Tropen. Der Mythos der Reise", gehen deutsche Kolonisatoren und Indiofrauen im Herzen Amazoniens mit gutem Beispiel voran. Der Roman zeigt, wie stark Karl Mays grellbunter Abenteuerkosmos auch die moderne Literatur des 20. Jahrhunderts beeinflusst. In „Tropen" bedient sich Müller 1915 in Sprache, Schauplätzen und Handlungselementen nämlich ungeniert bei dessen Südamerika-Romanen wie „In den Cordillieren".

Auch Mays Seitenhiebe auf die Titelhuberei der k. u. k. Monarchie gefallen dem unkonventionellen Expressionisten. In „Am Rio de la Plata" fragt sich der Erzähler verwundert: „Hatte man hier in Uruguay vielleicht dieselbe Gepflogenheit wie im lieben Oesterreich, wo die Kellner jeden dicken Gast ‚Herr Baron', jeden Brillentragenden ‚Herr Professor' und jeden Inhaber eines kräftigen Schnurrbartes ‚Herr Major' nennen?" 1915 hatte Müller seine jüdische Freundin Olga Estermann geheiratet, mit der er bereits vor der Ehe eine Tochter hatte. Die in Müllers Phantasie wie in der Realität so gezeugten Edelmenschen entsprachen viel eher dem Ideal des kleinen Sachsen als die arischen Superbestien des Karl May-begeisterten Adolf Hitler. Der soll sich übrigens ebenfalls im Saal befunden haben. Beweisen lässt sich das allerdings nicht.

„Dem Judentum ein Kompliment gemacht …"

Dass der zukünftige „Führer", ob anwesend oder nicht, gerade im Wien jener Jahre antisemitisches Gedankengut zur Genüge aufsaugen konnte, wird selbst aus Pressekommentaren zu Mays Rede deutlich. Beispielsweise kritisiert das „Deutsche Volksblatt" am nächsten Tag: „Leider machte May dem

Judentum, das sehr stark vertreten war, ein Kompliment, indem er darauf hinwies, dass dem Judentum die größte Sehnsucht nach Erlösung innewohnte." Zum Ärger des Berichterstatters hatte May außerdem geäußert: „Und Israel, das Volk Gottes! Was haben wir von ihm überkommen und geerbt! Nie können wir genug dankbar sein! Was ist sein Gott für den Poeten! Welche Regeln der Menschlichkeit!"

May hatte im Judentum immer treue Anhänger: Karl Liebknecht liebte ihn ebenso wie Albert Einstein, Fritz Lang oder Ernst Bloch. Es waren vor allem jüdische Künstler, die Ideen Karl Mays ins Hollywood-Kino brachten. Emigrantenkinder, die als wertvollsten Besitz den „Schatz im Silbersee" ins schmale Reisegepäck geschmuggelt hatten, wunderten sich, dass ihre neuen Mitschüler in New York, Boston oder Los Angeles noch nie etwas von Winnetou oder Old Shatterhand gehört hatten.

Das österreichische Publikum hingegen ist mit diesen Helden des Wilden Westens bestens vertraut. Eine schriftliche Fassung des Vortrages liegt nicht mehr vor. Die später von seiner Witwe Klara aus der Erinnerung und auf der Grundlage von Manuskriptteilen erstellte Rekonstruktion umfasst im Karl-May-Band „ICH" siebzehn Seiten. Allein die Erscheinung des, so von Suttner, „schönen alten Mannes" beeindruckte die theaterbegeisterten Wiener. Eine Zeitung verglich ihn gar mit dem berühmten Burgschauspieler Ludwig Gabillon. Angesichts des damaligen Starkults aller Schichten der Bevölkerung der Donaumetropole kam das einem Ritterschlag gleich, da laut Zweig „ein Nimbus des Respekts […] wie ein Heiligenschein alles, was mit dem Hoftheater auch nur in entferntester Beziehung stand", umwölkte.

Das theatralische, schauspielerische Element bei May war ein wichtiges Stilmittel des Vortrages und gleichzeitig geschickte Werbung in eigener Sache. Wie einst mit seinen Romanen schlägt er das Publikum nun mit durchaus komplexen Themen in seinen Bann. Leicht sächselnd zitiert er seitenlang und stets mit Quellenangabe aus seinen Schriften. Dabei stehen das Spätwerk und wenig gelungene Gedichte aus dem Band „Himmelsgedanken" im Mittelpunkt.

Ein solches Poem, das Rückschlüsse auf seine Persönlichkeitsstruktur erlaubt, steht am Beginn seiner Ausführungen:

> „Kennst Du den unergründlich tiefen See,
> in dessen Flut ich meine Ruder schlage?
> Er heißt seit Anbeginn das Menschheitsweh,
> und ich, mein Freund, ich bin die Menschheitsfrage."

Das Zentrum der Welt des Karl May war stets Karl May. Aus dieser Perspektive des genialen Egomanen erklärt sich auch die untrennbare Verbindung von Vita und Werk des Autors. Das erfordert im Rahmen einer biographischen Skizze auch eine besonders intensive Beschäftigung mit seinen Texten. Der Autor, der auf dem Höhepunkt seines Ruhmes bei Lesungen vor Gymnasiasten ungefragt den Oberkörper entblößte, fühlt sich inzwischen genötigt, seinen Auftritt zu erklären: „Wer aber bin ich, daß ich es wagen darf, meine Gedanken für so wichtig zu halten, daß ich sie mitzuteilen habe? Das will ich Ihnen aufrichtig sagen. Ich stelle mich ihnen hiermit vor: Ich habe wie jeder Mensch ein äußeres und ein inneres Leben." Nach Jahren zermürbender Anfeindungen und Prozesse will May dem Publikum sein wahres äußeres Ich im Unterschied zu der Fratze – wie für den von ihm verehrten Goethe auch für May das gröbste Schimpfwort –, die Presseberichte von ihm gezeichnet haben, zeigen.

Utopien: Sitara statt Sahara

Die rechtfertigende Darstellung seiner Lebensbahn nimmt deshalb einen großen Raum seiner Ausführungen ein. Mit anrührender Deutlichkeit schildert er seine proletarische Herkunft, um dann zum inneren Menschen Karl May zu gelangen. Durchaus bescheiden beschreibt er sich auch jetzt, mit siebzig, noch als Werdender, unfertig und suchend. Das kommt vor allem für das superheldenverwöhnte jugendliche Publikum an jenem Märzabend 1912 einigermaßen überraschend: Vollzog ihr Old Shatterhand den Schritt vom Greenhorn zum perfekten Westmann doch bereits vor Jahrzehnten. Kein Geringerer als Winnetou persönlich hatte es ihm damals am Rio Pecos attestiert! Das sind der Neuigkeiten aber noch nicht genug. Denn jetzt erklärt May den Titel des Vortrages „Empor ins Reich der Edelmenschen". Diese Forderung habe angeblich schon immer als Motto über seinem gesamten Schaffen gestanden und sei das zentrale Problem der Zeit – womit er nicht ganz Unrecht hat. Denn nicht erst seit Nietzsche basteln von der kapitalistischen Gegenwart enttäuschte Künstler und Philosophen am Modell des vom schnöden Mammon befreiten Zukunftsindividuums.

Laut May führen drei Wege zu wahrem Edelmenschentum. Nämlich: „Wissenschaft, Kunst, Religion. Wissenschaft bringt Erkenntnis, die Kunst Offenbarung; Religion bringt Erlösung. Ich stehe auf dem mittleren Weg, auf dem Weg der Kunst, und spreche zu Ihnen nur als Schriftsteller, als unbefangener Laie, der nichts erstrebt als nur das eine große irdische Ziel:

‚Und Friede auf Erden!'" Damit bewegt sich May einmal mehr in großer Tradition. Hatte doch Goethe bereits in den „Xenien" gefordert: „Wer Wissenschaft und Kunst besitzt, Hat auch Religion; Wer jene beiden nicht besitzt, Der habe Religion."

Danach erläutert May den Wienern den mit dem Edelmenschen einkehrenden Weltfrieden mittels langer Passagen aus seinem Buch „Und Friede auf Erden", um zu seiner Rolle als orientalischer Märchenerzähler, als Hakawati, überzuleiten. Das symbolische „Märchen von Sitara" – ein schon zwei Jahre früher in seiner Autobiographie niedergelegter Schlüsseltext von immerhin fünf Seiten – trägt er als Ganzes vor. Als er dem Publikum eröffnet, dass er nach Sitara fliegen könne, zeigt es sich wenig erstaunt. Jemanden, der sich beim Beschleichen feindlicher Indianer auf Finger- und Zehenspitzen fortbewegt, traut man auch zu, dass er die Arme ausbreitet und sich in die Lüfte erhebt. Allerdings holt May die begeisterten Zuhörer schnell wieder auf den Boden der Tatsachen. Er erklärt, dass es zur eigentlichen Luftreise selbst für ihn des Zeppelins und des Flugzeuges bedarf, und sie ihn zum eben vorgestellten Stern Sitara lediglich in Gedanken begleiten können. „Dieser Stern hat mit unserer Erde viel gemein. Das Tiefland ist eben, ungesund [...]. Man nennt es Ardistan. Ard heißt Erde, Scholle, niedriger Stoff, und bildlich bedeutet es das Wohlbehagen am geistlosen Schmutz und Staub, das rücksichtslose Trachten nach der Materie, den grausamen Vernichtungskampf gegen alles, was nicht zum eigenen Selbst gehört und gewillt ist, ihm zu dienen. Ardistan ist die Heimat der niedrigen, selbstsüchtigen Daseinsformen und, was sich auf seine höheren Bewohner bezieht, das Land der Gewalt- und Egoismusmenschen.

Das Hochland dagegen ist gebirgig, gesund, ewig jung und schön im Kuß des Sonnenstrahls, reich an Gaben der Natur und Produkten des menschlichen Fleißes, ein Garten Eden, ein Paradies." Im zeitgenössischen Kontext der menschheitsbeglückend-umstürzlerischen Ideen seiner Epoche ist die friedfertige Utopie, die sich hinter diesem Märchen verbirgt, bemerkenswert. Auch wenn sich das zunächst altväterlich und rückwärtsgewandt anhört: Die praktische Umsetzung modern anmutender Übermenschen- oder klassenkämpferischer Manifeste des jungen Jahrhunderts mündete schließlich auch nur in furchtbare Katastrophen. Anknüpfend an das Märchen von Sitara berichtet May, wie er, der arme Webersohn aus dem Erzgebirge, sich aus diesem persönlichen Ardistan zum Bewohner Dschinnistans emporgearbeitet habe. Aus heutiger Sicht ist bemerkenswert, wie er bereits 1912 die Sehnsucht nach friedlicher Überwindung Ardistans in allen Kulturkreisen und Religionen hervorhebt. Nach dem Lob atavistischer Vorstellungen der Naturvölker und des mosaischen Glaubens wendet er sich der Religion zu, zu deren Kenntnis im deutschsprachigen Raum kein anderer Autor so viel beitrug wie er. May zitierte ein langes Gedicht zum Lob des Propheten und seiner Lehre aus seinem 1906 im Druck erschienenen Theaterstück „Babel und Bibel".

Mit der Würdigung des Islam und des Korans zeigt sich tatsächlich eine, ansonsten von ihm erst nachträglich bemühte, Kontinuitätslinie von den populären Abenteuererzählungen bis zum relativ unbekannten Spätwerk. Überzeugt von der Gleichwertigkeit echter Gläubigkeit in ihren verschiedenen Ausprägungen betet bereits in „Von Bagdad nach Stambul" der deutsche Held Kara Ben Nemsi am Grab eines gefallenen islamischen Freundes die Koransuren des Todes und des Verschließens. Allerdings scheint May da noch eine Rechtfertigung angebracht: „Das war ein seltenes Begräbnis. Ein Christ, zwei Sunniten und ein Schiite hatten über dem Grabe des Toten gesprochen, ohne daß Mohammed einen Blitz niederfallen ließ. Was mich betrifft, so glaubte ich keine Sünde zu tun, wenn ich von dem toten Freund Abschied nahm in der Sprache, die er im Leben gesprochen hatte."

Nach Naturglaube, Judentum und Islam feierte er, für den Kenner seiner Schriften wenig überraschend, nun auch das Christentum. Abschließend erweist er Berta von Suttner Reverenz, indem er ausnahmsweise einmal nicht aus einem eigenen, sondern aus deren Buch „Der Menschheit Hochgedanken" zitiert. Nachdem er, ganz Prophet seiner Erweckungs- und Friedensideen, mit einem „Amen" geschlossen hat, umbraust ihn tobender Beifall.

Dass Karl May sein Werk in einer gigantischen Lebensleistung von den ersten Novellen über die Abenteuerromane und das symbolische Spätwerk konsequent auf diesen Punkt geführt hat, ist der fromme Wunsch, oder schonungsloser formuliert, Selbstbetrug eines verklärt in die Vergangenheit schauenden alten Mannes am Rande des Grabes. Und wie sollte es bei einem Autor von solch gewaltigen, inhaltlich so verschiedenartigen, widersprüchlichen Textmengen, der in drei Jahrzehnten etwa 50 000 Druckseiten aus dem sächsischen Boden stampfte, auch anders sein? Der Vortrag im Sophiensaal fasst bestenfalls die literarischen Anstrengungen des letzten Jahrzehnts dieses Dichterlebens poetisch zusammen. Mays Romane steckten allerdings von Beginn an voller Phantasien und Symbole – aber eher im Sinne eines Sigmund Freud oder C. G. Jung.

Old Shatterhand auf die Couch?

Schließlich trat vom Wien der Jahrhundertwende die Psychoanalyse zu ihrem Triumphzug in die westliche Hemisphäre an, der sie auch zu Mays Werk führte. Bereits zu dessen Lebzeiten hatten ihre Jünger das gewaltige Potenzial, das unter der so harmlos-bunt wirkenden Oberfläche seiner Werke brodelt, erkannt.

1910 bezeichnete der österreichische Sexualforscher Friedrich Krauss Mays im gleichen Jahr erschienene Autobiographie sogar als ein „für den Psychoanalytiker [...] kostbares Geschenk". Am 20. November des Folgejahres wandte sich der Freud-Schüler Wilhelm Stekel mit einer Reihe von Fragen an den Autor. Der prominente Wiener Psychiater wusste von Mays Vorstrafen und den Kampagnen seiner Gegner, bei der die Pathologisierung ihres Opfers eine wichtige Rolle spielte. Stekel sammelte gerade Material für sein Buch „Die Träume der Dichter. Eine vergleichende Untersuchung unbewußter Triebkräfte bei Dichtern, Neurotikern und Verbrechern". Neben Autoren wie Gerhart Hauptmann oder Ernst von Wolzogen legte er dafür auch May folgende Standardfragen vor: „Haben Sie typische (sich wiederholende) Träume? Können Sie mir einen Traum mitteilen, der Ihnen großen Eindruck gemacht hat? Haben Sie Tagträume? Haben Sie in ihren Träumen kriminellen Einschlag? Sind ihre Träume nüchtern oder phantastisch? Verwerten Sie Ihre Träume zur dichterischen Produktion?" Der Befragte erkannte sich in Buchtitel wie Fragen wohl so deutlich wieder, dass er ebenso freundlich wie kurz angebunden reagierte: „Ihre Aufgabe ist die Wichtigste, die ich mir denken kann. Wenn es nicht gleich sein müsste, könnte ich Ihnen sehr Interessantes, freilich nicht etwa Krankhaftes, sondern Kerngesundes, berichten."

Erst Arno Schmidts psychoanalytisch angelegte, auf Sigmund Freud und Georg Groddeck basierende Karl May-Studie „Sitara und der Weg dahin" sollte genau fünfzig Jahre nach Erscheinen von Stekels Buch 1962 den Beginn einer Karl-May-Forschung, die diesen Namen tatsächlich verdient, markieren.

Am 24. März 1912 kehrt May nach Radebeul zurück. Der gerade Genesene hat sich in Wien erkältet und hütet zumeist das Bett.

Am Morgen des 30. März, dem neunten Hochzeitstag mit seiner zweiten Frau Klara, fühlt Karl May sich wieder besser. Mit neuer Kraft bittet er sie, sich für Ostern um einen Kuraufenthalt in Bad Salzbrunn zu kümmern. Klara May berichtet: „Gegen sieben Uhr abends legte er sich schlafen […]. Gegen acht Uhr richtete er sich plötzlich im Bett auf, sah mit leuchtenden Augen, die nichts von seiner Umgebung zu fassen schienen, in die Ferne und sagte mit klarer Stimme: ‚Sieg, großer Sieg! Ich sehe alles rosenrot!' Dann sank er mit unendlich freudigem, verklärtem Ausdruck zurück; sein Atem wurde schwächer, bis er nach wenigen Minuten erlosch."

Am 3. April 1912 wird Karl May in der bereits 1901 errichteten Familiengruft auf dem Friedhof Radebeul-Ost im engsten Kreis beigesetzt.

Was war in den siebzig Jahren dieses Autorenlebens geschehen?

Das Lieblingskind der Not
1842–1861

Karl Friedrich May erblickt am 25. Februar 1842 als fünftes Kind des Webers Heinrich August May und seiner Frau Wilhelmine im sächsischen Ernstthal, was 1898 mit der Nachbargemeinde zum heutigen Hohenstein-Ernstthal fusioniert, das Licht der Welt.

„Ich bin im niedrigsten, tiefsten Ardistan geboren, […] ein Lieblingskind der Not, der Sorge, des Kummers." Mit solchen traurigen Bemerkungen wird Karl May Jahrzehnte später seine ersten Schritte in die Welt kommentieren. Und wenn er auch vieles, allzu vieles in seiner Biographie erfunden hat – hier spricht er die reine, unanfechtbare Wahrheit.

Schon zwei Monate nach Mays Geburt führt eine Dürreperiode zu Wasserknappheit, was zur Verschlechterung der ohnehin mangelhaften hygienischen Zustände beiträgt. Neun Geschwister werden dem kleinen Karl noch folgen. Sie teilen sich einen engen Verschlag mit Mäusen und Ratten. Aufgrund der hohen Kindersterblichkeit, zudem verschärft durch die sozialen Verhältnisse, werden nur fünf der schließlich vierzehn Nachkommen Heinrichs und Wilhelmine Mays überleben. Zwei Schwestern erreichen allerdings hohe Alter. Die 1844 geborene Christiane Wilhelmine wird 96, und Karoline Wilhelmine wird Hitler am 28. Mai 1939 noch zum Neunzigsten gratulieren.

Schmalhans ist von frühesten Tagen an Küchenmeister im Hause May. Der Nachwuchs rupft an den Bordsteinen tatsächlich oder vermeintlich essbares Grünzeug und erbettelt

Das Geburtshaus Karl Mays in Ernstthal, Aufnahme wahrscheinlich von Klara May um 1910

sich vom benachbarten Gastwirt „Zur Stadt Glauchau" Kartoffelschalen: „Wir pflückten von den Schutthalden Melde, von den Rainen Otternzungen und von den Zäunen wilden Lattich, um das zu kochen und mit ihm den Magen zu füllen."

DAS LIEBLINGSKIND DER NOT

Frühkindliche Blindheit?

Es ist ein Leben mit vielen Schlägen und wenig Brot. Bis zum Ende seines Lebens sprach May im Werk von frühkindlicher Blindheit, die er vor allem auf die mangelnde Hygiene zurückführt. Denkbarer wäre, dass das Kind einfach nicht sehen will, also nicht nur sprichwörtlich, sondern tatsächlich vor der bedrückenden Realität die Augen verschließt. Es ist belegt, dass solche Konversionsstörungen zum Visusverlust führen können. Etwa fünfzig Jahre nach Karl Mays Orient-Abenteuern um Kara Ben Nemsi entstand zwischen 1926 und 1943 ein ebenso umfangreiches Morgenlandepos von mythischer Tiefe. In Thomas Manns „Joseph und seine Brüder" vermutet der Autor eine solche dissoziative Störung bei einem seiner alttestamentarischen Helden: „Ist es möglich, dass jemand erblindet oder der Blindheit so nahe kommt, wie Jizchak ihr im Alter wirklich war, weil er nicht gern sieht, weil das Sehen ihm Qual bereitet, weil er sich wohler in einem Dunkel fühlt, worin gewisse Dinge geschehen können, die zu geschehen haben? Wir behaupten nicht, dass solche Ursachen solche Wirkung zeitigen können; wir begnügen uns damit, festzustellen, dass die Ursachen vorhanden waren." Nun, Ursachen zu solcher Art Weltflucht durch Blindheit gab es unzweifelhaft in der bedrückenden häuslichen Umgebung des kleinen Karl genug. Belege dafür, seien es Äußerungen von Angehörigen oder Behandlungsunterlagen der Dresdener Klinik, in der der Schaden angeblich behoben wurde, fanden sich allerdings nie. In seiner autobiographischen Skizze „Mein Leben und Streben" vom Spätherbst 1910 behauptet May explizit, dass er „kurz nach der Geburt sehr schwer erkrankte, das Augenlicht verlor und volle vier Jahre siechte".

Bis zum Alterswerk im Zeichen des Symbolismus tauchen bei May immer wieder Blinde auf. Bereits 1875 veröffentlicht er in seiner ersten Zeitschriftengründung „Aus Schacht und Hütte" ein Gedicht „Der blinde Bergmann", und schon in seiner frühesten bekannten Erzählung „Die Rose von Ernstthal" erblindet die Titelheldin durch die Schuld eines Schurken und wird wundersam vom lange verschollenen Vater, einem Arzt, geheilt. Im Kolportageschinken „Das Waldröschen" macht Prä-Old Shatterhand Dr. Sternau einen Blinden jesusgleich sehend. In dem zu seinem Spätwerk überleitenden Roman „Am Jenseits" von 1899 ist der Münedschi, ein blinder Seher, dann sogar die zentrale Figur der Handlung.

Diese literarischen Schöpfungen sind allerdings noch kein Beleg für eine eigene Erkrankung, sondern der Rückgriff auf ein beliebtes Motiv der herkömmlichen Kolportage, des klassischen Abenteuerromans, der Romantik und der deutschen Klassik. Faust trifft es mit den Worten: „Die Menschen sind im ganzen Leben blind, so werde du es auch am Ende." Hier steht Blindheit eindeutig für Verblendung. Das von Faust vernommene Spatenklirren gilt nicht dem von ihm befohlenen Entwässerungsgraben, sondern seinem eigenen Grab als ein Symbol für den trügerischen Fortschrittsoptimismus im prosperierenden Kapitalismus.

1894 kommt bei Karl May die überraschende Wende zum Einsatz des Blindheitsmotivs jenseits herkömmlicher Kolportagemuster. Im November und Dezember hatte der Autor die Niederschrift des ersten Bandes der „Old Surehand"-Trilogie – heute zumeist zweibändig vertrieben – abgeschlossen. Als sich der Titelheld, ein berühmter Westmann mit dunkler Vergangenheit, über die unverdiente Härte seines Schicksals beschwert, weist ihn Shatterhand zurecht: „Ich bin dreimal blind gewesen und mußte dreimal operiert werden. Hatte ich das verdient? Wer aber kann sich […] heut rühmen, die scharfen Augen Old Shatterhands zu besitzen? Ich habe nie gemurrt und geknurrt wie Ihr, sondern getrost meinen Herrgott über mir walten lassen, und wie hat er alles, alles so herrlich hinausgeführt!" Im Entstehungsprozess von „Old Surehand" war 1894 Rainer Maria Rilkes erstes Buch „Leben und Lieder" erschienen. Darin findet sich das Gedicht „Empor." Es wird nicht die letzte Äußerung Rilkes zum Thema bleiben. Im Laufe der Jahre folgen Gedichte wie „Der Blinde" oder „Die Blinde".

Doch gerade das in Auszügen folgende „Empor" muss prägend auf Karl May, der im Unterschied zum 1894 noch relativ unbekannten Rilke auf dem Zenith des Ruhms steht, gewirkt haben. Der schreibt:

„Manchmal ermattet vom Hasten nach Glück,
sehn ich mich wieder nach seliger Blindheit,
rufe die Tage der traurigen Kindheit,
rufe die Tage der Unschuld zurück.
[…] Wo ich vom Treiben der Welt nichts gewusst
[…] Wo ich im Innern zu hören geglaubt
Lehren des göttlichen Wortes"

1901 lehnt sich der ersten Angriffen ausgesetzte May in der Gedichtsammlung „Himmelgedanken" ähnlich verklärt zurück:

„Ich will zurück
Ich sehe rings ein Trachten, nach Zielen die nicht meine Ziele sind;
Ich will zur Heimat, mag man mich verachten, dass dort ich sein will wo ich war als Kind.

Ich will zurück zu jenen selgen Tagen
Wo ich an dich und deiner Engel Schar
So innig glaubte ohne viel zu fragen."

Zwei Gedichte früher hatte sich May in diesem Lyrikband direkt dem Thema „Blindheit" zugewandt, wo er beschreibt, dass göttliches Wort inneres Sehen ermöglicht.

Wäre das die einzige Ähnlichkeit zwischen Rilkes und Mays Texten, könnte man einwenden, dass die in beiden Poemen verwendeten Stereotype einer rückwärtsgewandten Kindheitsidyllisierung sich in hunderten Gedichten der Epoche finden. Doch es sind nicht die einzigen Belege.

Im abschließenden Band der Surehand-Trilogie, die neben dem erwähnten Gespräch zahlreiche autobiographische Anspielungen enthält, träumt sich der uralte, sterbende Old Wabble, eine symbolische Maysche Vaterfigur, in unbeschwerte Knabentage zurück.

Das ist der Schlüssel zur Aufklärung von Mays angeblicher Blindheit. Mit objektivistischen Methoden der Medizingeschichte ist der Frage schwer beizukommen. Hier greift die literaturgeschichtliche Herangehensweise. May benutzt in Anlehnung an den jungen Rilke ein bis ins Altertum zurückreichendes Motiv der Überlegenheit innerer Wesensschau, um sich vor dem Publikum bruchlos als „blinder Seher" zu inszenieren, der lebenslang schreibend mit seinem Werk „Empor" – zunächst in die Rocky Mountains, später in die Höhen „Dschinnistans" – ins Edelmenschenreich schreitet. 1910 äußert er in diesem Sinne rückblickend zu seiner angeblichen Blindheit: „Eigentlich war in dieser meiner frühen Knabenzeit jedes lebendige Wesen nur Seele, nichts als Seele. Ich sah nichts. [...] Wenn jemand sprach, hörte ich nicht seinen Körper, sondern seine Seele. Nicht sein Aeußeres, sondern sein Inneres trat mir näher. […] Das ist der Schlüssel zu meinen Büchern. […] Als ich sehen lernte, war mein Seelenleben schon derart entwickelt und in seinen späteren Grundzügen festgelegt, daß selbst die Welt des Lichtes, die sich nun vor meinen Augen öffnete, nicht die Macht besaß, den Schwerpunkt, der in meinem Innern lag, zu sich hinauszuziehen." In den großen kulturellen Mythen, gleich ob Jungfrau von Orleans, Mays gewaltiger Märchenkosmos oder George Lucas' Weltraumoper „Star Wars", bringt innere Wesensschau die Wende zum Sieg des Guten. Die Jungfrau von Orleans erlebt in Visionen die Stimme der Heiligen, die ihr den Befehl zur Befreiung Frankreichs erteilen. Vergeblich versuchen die Raumgleiter der Rebellen im abschließenden Teil von „Star Wars" den imperialen Todesstern zu zerstören. Erst als Pilot Luke dem Befehl seines Meisters Obi Wan Kenobi aus dem Jenseits folgt, der „Macht" zu vertrauen, die modernen Zielortungsgeräte abzuschalten und das Ziel mit geschlossenen Helmvisier blind zu beschießen, trifft er das Herzstück der gegnerischen Kampfmaschine.

Das Rilkesche „göttliche Wort", der Ruf des Himmels, dem Jeanne d'Arc gehorchen muss, oder die Lucassche Stimme der „Macht" findet bei May eine Entsprechung in den Erzählungen der „Märchengroßmutter". „Ich war die ganze Zeit des Tages nicht bei den Eltern, sondern bei Großmutter. Sie war mein alles. Sie war mein Vater, meine Mutter, meine Erzieherin, mein Licht, mein Sonnenschein, der meinen Augen fehlte. Alles, was ich in mich aufnahm, leiblich und geistig, das kam von ihr. So wurde ich ihr ganz selbstverständlich ähnlich. Was sie mir erzählte, das erzählte ich ihr wieder und fügte hinzu, was meine kindliche Phantasie teils erriet und teils erschaute." Im

Orientzyklus setzt er ihr in der Person der altersweisen Marah Durimeh als greise kurdische Fürstin ein Denkmal. Im symbolischen Spätwerk wird sie dann zur göttlichen Allmutter stilisiert. Hier erweist sich May einmal mehr als genialer Verarbeiter und Schöpfer neuer Mythen. Der Autor formt aus der dem Kind einst Märchen und Sagen vermittelnden und ihn gleichzeitig vor dem Jähzorn des Vaters und der Kälte seiner überforderten Mutter beschützenden Persönlichkeit einen Jungschen Mutterarchetyp. Am Ende ist die klöppelnde Oma seiner ödipalen Phase zur raunenden schicksalsspinnenden Norne mutiert, die in „Ardistan und Dschinnistan" den Helden auf eine letzte Reise in sein Inneres, ins Land Sitara, schickt.

Deutsches Bier
Dass der schwächliche neugeborene Karl sich, gleich ob blind oder sehend, 1842 überhaupt auf die reale Lebensreise begeben kann, liegt sicher nicht am günstigen sozialen Umfeld. Das ist wie erwähnt denkbar elend. Die Heimweberei, die der Familie wie der Region seit Jahrhunderten Lohn und Brot bescherte, befand sich im Niedergang. Der Konkurrenz mechanischer Webstühle ist man nicht gewachsen. Die werfen ihre hundertfachen Schifflein längst nicht mehr nur in Großbritannien, das in jenen Jahren zur „Werkstatt der Welt wird". Die industrielle Revolution fegt auch in Sachsen jegliche Butzenscheibenidylle aus den Handwerkerstuben. In Alt-Chemnitz, zu Fuß von Hohenstein-Ernstthal bequem in einer Stunde zu erreichen, produziert die Fabrik C. F. Solbrig und Söhne mechanische Webstühle, von denen 1857 schon der eintausendste das Werk verlässt. Seit 1850 knattern die auch in Hohenstein. Dagegen kommt man am herkömmlichen häuslichen Webstuhl nicht an.

Doch die Menschen hängen an ihrem Gewerbe. So wird der Arbeitstag kontinuierlich nach hinten ausgedehnt. Es dominiert die extensive Ausbeutung, die man im industrialisierten England im Interesse des Profits gerade überwindet. Als Aufputschmittel bei beruflichem Stress und Belastung greift man zur Volksdroge Alkohol. 1910 blickt May ernüchtert zurück: „Schnaps war überall dabei; man mochte ihn nicht entbehren. Man betrachtete ihn als den einzigen Sorgenbrecher und nahm seine schlimmen Wirkungen hin, als ob sich das von selber verstände." Im damals etwa 3000 Einwohner umfassenden Ernstthal kommt in Mays Geburtsjahr eine Kneipe auf 120 Einwohner. Die Behauptung Mays, gerade seinen Vater, einen „Menschen mit zwei Seelen", „nie betrunken gesehen" zu haben, gehört zu den nostalgisch-beschönigenden Legenden des Alters. Denn Abstinenz passt so gar nicht zum jähzornigen, mit dem Schicksal hadernden Heinrich May. Sein 1848 eingeschulter Sohn soll es einmal besser haben. Der Vater erkennt dessen großes Potenzial. Dass die Zwergschule, in der sich Kinder verschiedenen Alters in einem 60 Quadratmeter großen Raum auf 72 Sitzplätzen drängten, dafür nicht den besten Karrierestart verheißt, ist ihm klar. So muss Karl in der ohnehin schmal bemessenen Freizeit Unmengen von zusätzlicher Lektüre, die sein Erzeuger heranschleppt, bewältigen. Diesen kruden Mix aus veralteten semiwissenschaftlichen Traktaten und gebrauchten Gebetsbüchern muss Karl stupide auswendig lernen. Später schreibt er von einer „Verfütterung und Überfütterung ohnegleichen". Versagt er, verprügelt ihn der cholerische Familiendespot brutal mit einem griffbereit am Webstuhl hängenden Strick. Da dem Vater das Selbststudium nicht ausreicht, ordnet er mit Näherrücken einer Berufssuche für den Sohn private Nachhilfestunden in Französisch – die Sprache, die May laut Arno Schmidt „am wenigsten schlecht spricht" – an.

Das Honorar muss sich der Sohn als „Kegelbub" in der Gastwirtschaft Engelhardt selbst dazuverdienen. Dabei kommt May jun. mit Alkohol in Kontakt. Die „Neigen", also Reste aus den Gläsern der Gäste, bescheren ihm seinen ersten Rausch. Dass Kinder tranken, dürfte die Erwachsenen nicht beunruhigt haben. Schließlich empfiehlt ja sogar Pierer's Universal-Lexikon 1857 Alkohol als „wichtiges Heilmittel". Das hat in jeglicher Form eine symbolische wie erzählstrategische Funktion in Mays Geschichten. Im Unterschied zum US-Western, in dem sattelfeste Raubeine staubige Kehlen mit einem weltbekannt schlechten Whisky befeuchten, differenziert May den Spirituosenkonsum nationalitätenspezifisch. Bier symbolisiert beispielsweise gute deutsche Lebensart. Sogar Blutsbruder Winnetou bekehrt er zum edlen Gerstensaft. Zur Verblüffung der Gäste ordert der Apatsche in einem texanischen Saloon „ein Glas Bier, deutsches Bier". Im Unterschied dazu signalisiert der Genuss von Champagner zumeist ungermanische Dekadenz, während Brandy oder Whisky zum indianermordenden Yankee gehören. So vergisst May in keinem Wildwest-Abenteuer darauf hinzuweisen, dass das „Feuerwasser" entscheidend zum moralischen Niedergang der „Roten Rasse" beigetragen hat. In seinen Orientabenteuern treibt es häufig Moslems, denen der Koran eigentlich den Genuss „all dessen, was trunken macht" verbietet, zum heimlichen Exzess. In der im Sammelband „Orangen und Datteln" veröffentlichten Kurzgeschichte „Der Karwanenwürger" macht ein Anhänger des Propheten sogar vor dem Spiritusfässchen, in dem der zoologisch interessierte Held Lurche und Insekten konserviert, nicht halt: „Hassan, der wahre Moslem

[...] schlürfte die Sauce, in welcher diese Kreaturen schwammen, mit einem Behagen, als sei er über den Nektar des Olymps geraten."

Im Umgang mit edlen Tropfen zeigt sich Kara Ben Nemsi wesentlich kreativer als moderne Superhelden. James Bond ordert seinen Champagner Bollinger bei den dienstbaren Geistern internationaler Nobelherbergen. Der deutsche Superheld dagegen produziert Sekt mitten im „wilden Kurdistan" gleich eigenhändig. Auch wenn dieses nach dem Urteil des Wüstenheros zusammengepanschte „Rosinenwasser" nicht ganz mit den von Agent 007 bevorzugten Luxusprodukten konkurrieren kann, so erfüllt es doch seinen Zweck: Im Vollrausch entgeht dem türkischen Mutesselim von Amadijah und seinem Kerkermeister Selim Agha die Befreiung des Beduinen Ahmed el Ghandur. Selbstironisch bemerkt May in diesem Roman, dass ihm das Alkoholisieren von Gefängniswärtern als Motiv abgeschmackt erscheine, er aber eben gegenüber dem Leser der Wahrheit verpflichtet sei. Im Grunde macht er natürlich nichts anderes als die Vorgänger, über die er sich hier mokiert.

Das Gift der frühen Lektüre

In der Engelhardtschen Kneipe seines Heimatortes, die auch als Leihbücherei fungiert, kommt der kleine Karl mit einem „noch viel schlimmeren Gift als Bier und Branntwein", einem regelrechten „Teufel", dem er „gänzlich verfiel", in Kontakt: Er lernt die „Volksliteratur", Texte, die die Menschen tatsächlich lasen, als Goethe und Heine schrieben, kennen. Wie viele Zeitgenossen ist er besonders von „Rinaldini, der Räuberhauptmann, eine romantische Geschichte unseres Jahrhunderts" angetan. 1798 hatte Christian August Vulpius, Goethes

Schwager, diesen ersten deutschen Trivialroman verfasst. Der überaus erfolgreiche Bestseller, dessen Titelheld schon 1927 von Hans Albers und in einer ARD-Serie 1968 von Fred Williams verkörpert wurde, gehört zu Mays früher Lieblingslektüre. Die Moral vom die Untaten der Obrigkeit rächenden edlen Räuber überzeugt den Heranwachsenden ebenso wie der Stil, der sich vehement von seiner bisherigen Lektüre unterscheidet: „Auf jeder Seite geschah etwas, und zwar etwas Hochinteressantes, irgend eine große, schwere, kühne Tat, die man zu bewundern hatte. Was dagegen war in all den Büchern geschehen, die ich bisher gelesen hatte? Was geschah in den Traktätchen des Pfarrers? In seinen langweiligen, nichtssagenden Jugendschriften? Und was geschah in den sonst ganz guten und brauchbaren Büchern des Herrn Rektors? Da waren große, weite und ferne Länder beschrieben, aber es ereignete sich nichts dabei. Da wurden fremde Menschen und Völker geschildert; aber sie bewegten sich nicht, sie taten nichts. Das war alles nur Geographie, nur Geographie, weiter nichts; jede Handlung fehlte." Aus der Position des symbolischen Spätwerkes und eines angeblich stringent zum Edelmenschentum führenden Lebensplanes verurteilt der Autor in seiner Autobiographie 1910, was sich wie ein inhaltliches Programm seiner eigenen Kolportageromane liest. Denn für einen garantierten Publikumserfolg braucht er das Salbungsvolle der Traktate, die geographischen und ethnographischen Fakten der Rektoratsbücherei mit der actionreichen Handlung der Heftromane nur noch zu verquirlen.

Im realen Sachsen der ersten Lebensjahre Mays mangelt es an charismatischen Rettern vor einer Kindheit in Hunger und Armut. So reißt der verzweifelte Junge von zu Hause aus. Auf dem Küchentisch hinterlässt er einen Zettel, dass er nach Spanien eile, um Hilfe zu erbitten. Die Inspiration entspringt der Trivialliteraturlektüre à la Vulpius mit ihren freigiebigen Banditen. Die Flucht endet wenige Stunden später bei ratlosen Verwandten in Zwickau, wo ihn der Vater, angeblich unter Tränen, wahrscheinlicher aber unter Prügel, abholen muss. Dabei hat Karl allen Grund, das Weite zu suchen.

Die katastrophalen Verhältnisse in Mays Heimat ähneln der in Gerhart Hauptmanns Drama „Die Weber" von 1892 beschriebenen Misere. 1844, zwei Jahre nach Mays Geburt, kommt es dort zum Aufstand, und Heinrich Heine widmet den Verzweifelten sein Gedicht „Die schlesischen Weber". Die verfluchen Gott, König und Vaterland, die sie mit ihren Problemen im Stich lassen. Auch im benachbarten Sachsen ist das Vertrauen in die Obrigkeit längst erschüttert. Im Frühjahr 1848 greifen die revolutionären Märzkämpfe in Berlin auf ganz Deutschland über. Am 5. April brennt das Hohenstein unmittelbar benachbarte Schloss Waldenburg. Bei einem Zusammenstoß aufgebrachter Bürger mit dem Militär gibt es Verletzte. Vom 3. bis zum 9. Mai 1849 tobt dann in Dresden der Aufstand. In die Unruhen ist ein anderer bis heute berühmter Künstler verwickelt: der Königlich-Sächsische Kapellmeister Richard Wagner, den May Jahrzehnte später im Roman „Der Weg zum Glück" verewigen wird.

Vom revolutionären Elan der Rebellierenden in der Elbmetropole angesteckt, plant man in Ernstthal einen Zug in die Landeshauptstadt. Auch Heinrich May, Mitglied eines „Vaterlandsvereins", fühlt sich zum Freiheitskämpfer berufen. Immerhin war man ja sogar einmal Gefreiter der Bürgergarde! Der eingebildete Feldherr scheucht in fiktiven Manövern zunächst seinen Sohn deutsch und stolz durchs Unterholz. „Vater war bald Leutnant, bald Hauptmann, bald Oberst, bald General; ich aber war die sächsische Armee. [...] Als Vater Vice-kommandant [der geplanten Unternehmung, T.K.] geworden war, sagte er zu mir: ,Junge, dazu hast du viel geholfen. Ich baue dir eine Trommel. Du sollst Tambour werden!'" Doch der sächsische Oskar Matzerat kommt nicht zum Einsatz. Als man sich nach endlosen Diskussionen über Republik oder Monarchie im „Vaterlandsverein" endlich entschließt, loszuziehen, ist die Revolution schon wieder vorbei. In seinen Erzgebirgs-Romanen um darbende „Sklaven der Arbeit" und rächende Fürsten des Elends wird May später nie zum Umsturz aufrufen. Das unterscheidet ihn von Zeitgenossen wie Friedrich Engels. In dessen Werk „Die Lage der arbeitenden Klasse in England" beschreibt der 1845 die Ausbeutung in den Fabriken von Manchester, einer Stadt, die dieser brutalen Spielart des Kapitalismus bis heute ihren Namen leiht, als „sozialen Mord". Engels unterstreicht die Authentizität seiner Anklage mit der Berufung auf „eigene Anschauung". Stolz brüstet er sich im Vorwort, zu diesem Zweck sogar auf „die Bankette, den Portwein und den Champagner" verzichtet zu haben. Im Unterschied zu dem damals fünfundzwanzigjährigen Friedrich Engels brauchte sich Karl May für seine zukünftigen sozialen Studien darüber keine Sorgen zu machen. Portwein und Champagner wird in den Speisesälen sächsischer Lehrerseminare, Arbeitshäuser und Gefängnisse nicht gereicht. Diese Lokalitäten wird er bald von innen kennenlernen.

Schulamtskandidat und Kerzendiebstahl
Am 10. März 1856 endet Karl Mays Schulzeit nach acht Jahren mit dem Osterexamen. Trotz guter Noten – in „Kenntnissen und Fertigkeiten" eine 2, in „Sitten" sogar eine 1 – ist er sich über das Illusionäre seines Berufstraumes Arzt da längst

im Klaren. Wunderbare Heilerfolge bleiben dem Phantasiewunderland seiner Romane vorbehalten. Gymnasienbesuch und Hochschulstudium hätten die finanziellen Möglichkeiten der Weberfamilie bei Weitem überstiegen. Die muss sich selbst die Ausbildung zum Volksschullehrer noch vom Notwendigsten abhungern. Dass Mays tatkräftige Mutter 1846 das Hebammenexamen abgelegt hat, hilft mehr als der 1856 endlich erworbene Meisterbrief des Vaters. Ein Start „empor ins Reich der Edelmenschen" sieht anders aus ...

Nach einer Reihe zusätzlicher Prüfungen, die notwendig sind, weil man für eine Aufnahme normalerweise das 16. Lebensjahr vollendet haben muss, wird der vierzehnjährige Karl am 29. September 1856 Proseminarist des Fürstlich Schönburgischen Schulseminars zu Waldenburg. Dessen Zöglinge dürfen den düsteren Zweckbau nur an Feiertagen verlassen. So absolviert Karls Lieblingsschwester Christiane Wilhelmine einmal wöchentlich den etwa zweimal drei Stunden dauernden Fußmarsch, um den Seminaristen mit frischer Wäsche und aufmunternden Nachrichten von zu Hause zu versorgen. Die hat der frustrierte Jungseminarist bitter nötig: „Der Unterricht war kalt, streng, hart. [...] Ich vereinsamte auch hier, und zwar mehr, vielmehr als daheim."

Dem versucht er abzuhelfen. Es kommt zu ersten, noch recht unbeholfenen, Bemühungen um das andere Geschlecht. Mit Gitarrenspiel und Selbstgedichtetem umwirbt der inzwischen Fünfzehnjährige seit dem Sommer 1857 gleichzeitig die Halbwaisen Anne und Laura Pressler, die als Schneiderinnen in Hohenstein arbeiten. Ob es lediglich rein platonisch zwischen der bald favorisierten Anne und Karl zuging, bleibt unbekannt. Die erste Liebesbeziehung Karl Mays ist jedenfalls eine klassische Dreiecksgeschichte. Dass auch seine letzte fast ein halbes Jahrhundert später eine ménage à trois sein wird, konnte Karl natürlich nicht ahnen.

Der hat auch bald andere Sorgen. Denn im November 1859 kommt es zum ersten Konflikt mit der Obrigkeit. Es ist eine frühe Wunde, die sich bis an Mays Ende nicht mehr schließen wird. Die lebenslange Verletzung rührt nicht vom Glühen einer heiligen Lanze, sondern von profanen kalten Kerzen. Als sogenannter „Lichtwochner" muss jeweils ein Seminarist reihum die Leuchter reinigen und neue Kerzen aufstecken. In Ausübung dieses wichtigen Amtes bringt May sechs – wie er später behauptet – fast nur noch aus Talgresten bestehende Stummel beiseite, um sie in den Weihnachtsferien seiner Familie für den Christbaum mitzubringen. In Wirklichkeit waren es sechs nahezu intakte Kerzen. Zwei Mitschüler entdecken sie in Mays unverschlossenem Koffer auf einem Speicher. Als kurz vor dem Fest ein anderer Seminarist zwei Taler – die übrigens nie mehr auftauchen werden – vermisst, bringen sie den Fund am Abend des 21. Dezember 1859 zur Anzeige.

Die Folgen sind nach heutigen Maßstäben unverständlich, die Abstrafung des Siebzehnjährigen völlig unangemessen. Bereits am nächsten Tag tritt eine Lehrerkonferenz zusammen, deren sechs Tage später an das Gesamtkonsistorium Glauchau weitergereichtes Protokoll noch existiert. Bereits dieser erste Prozess in Mays Leben erinnert weniger an eine Pädagogenkonferenz als an ein Femegericht diverser Wüsten- oder Prärieschurken seiner Romane. So verurteilt man ihn nicht nur wegen des Kerzendiebstahls, sondern plant den pädagogischen Super-GAU. An Karl May wird ein Exempel statuiert. Das Protokoll verrät es in seiner eigenen abstrusen Sprache: „Man hat an ihm bereits hie und da arge Lügenhaftigkeit und sonst rüdes Wesen wahrzunehmen gehabt. Für die Schwäche seines religiösen Gefühls sprach unter Anderm, dass er, als die Anstalt vor bald einem Jahre zum heiligen Abendmahle gewesen, sich [...] von dem angeordneten Besuch des Nachbargottesdienstes absentiert hatte. [...] Der Fall war ganz dazu angetan, dass man dem May die Verdorbenheit seines Gemütes offen darlegen konnte. [...] Es wurde so nebenher mitentdeckt, dass May wider ausdrückliches Verbot zu Zeiten Tabak rauche."

Der „Fall" wird an das sächsische Kultusministerium weitergeleitet. Diese Instanz verweist May per Beschluss vom 17. Januar 1860 „wegen sittlicher Unwürdigkeit" des Seminars.

Bei dem Jungen entwickelt sich ein Trauma, dem er noch an der Grenze zum Spätwerk Herr zu werden sucht. Dieser Therapie durch Schreiben unterzieht er sich insbesondere im ersten Kapitel seines Romans „Weihnacht" von 1897. Nicht nur der Titel, sondern auch zahlreiche Einzelepisoden verweisen auf die Ereignisse um das Jahresende 1859. Ärmliche Verhältnisse, die einen beleuchteten Christbaum unmöglich machen, tauchen dort in der fiktiven Geschichte aus der Seminarzeit des Ich-Erzählers Shatterhand ebenso auf wie Diebstahlanschuldigungen, menschliche Kälte, überstrenge Pädagogen oder eine Nikotinvergiftung. Unterstützt vom Ernstthaler Pfarrer Carl Heinrich Schmidt und dem Waldenburger Seminardirektor Schütze, dem das Unangemessene seines Vorgehens inzwischen klar geworden war, reicht Karl May am 6. März ein Gnadengesuch, ganz Männerstolz vor Königsthronen, ein: „So wage ich es denn, einem Hohen Königlichen Ministerio ganz unterthänigste Bitte vorzulegen. Hochdasselbe wolle in Gnade geruhen, mir zu gestatten, dass ich mich [...] fortbilden dürfe, damit ich als gehorsamer Schüler und einst als treuer Lehrer im Weinberge des Herrn die That vergessen machen könne, deren Folgen so schwer auf mir und meinen Aeltern ruhen!"

Und der Bearbeiter, ein Ministerialrat Dr. Robert Gilbert, geruht. Bereits am 15. März 1860 wird von ihm die Erlaubnis erteilt, dass May sein Studium am Lehrerseminar in Plauen im Vogtland fortsetzen darf, wo er in einer kleinen Dachkammer im Gebäude der Freimaurerloge „Zur Pyramide" zur Untermiete wohnt. Nach den Osterferien 1861 darf May aus seiner Privatunterkunft in das Internat, das „Alumneum", umziehen. Dort teilt er sich eine Dachkammer mit vier Mitschülern. Eine Verbesserung ist das nicht, denn nun ist er der strengen „Haus und Lebensordnung für das Schullehrerseminar" unterworfen. Dessen Pädagogen dürfen die Bettlaken von nach heutigem Recht Volljährigen nach „verdächtigen Flecken" untersuchen. Doch da laut Protokoll der Seminarkonferenz der Lehrer vom 30. Mai „nichts entdeckt worden sei, was zu der Vermutung berechtigen könne, dass dieses Laster noch in der Anstalt verbreitet sei", kommt May in der verbleibenden Zeit nicht mehr in den zweifelhaften Genuss solcher Inspektionen. Denn nachdem er die Abschlussprüfungen mit Bravour gemeistert hat, verleiht man ihm am 13. September 1860 ein „Prüfungs-Zeugnis", das ihn in den Rang eines „Schulamtskandidaten" erhebt. Das bedeutet, dass er sich zunächst zwei Jahre als Hilfslehrer zu bewähren hat, um nach einer weiteren Prüfung fest angestellt zu werden.

Am 7. Oktober tritt er eine Stelle in einer Armenschule, hochtrabend „Allgemeine Bürgerschule" genannt, im sächsischen Glauchau, einer damals etwa 6000 Einwohner umfassenden Kleinstadt, an. Doch auch hier hat der Teufel seine Fallstricke auf dem Weg zum „Edelmenschen" gelegt. Denn dem Neunzehnjährigen, eben der klösterlichen Zucht des Seminars entronnen, widerfährt etwas Allzumenschliches. Er nähert sich der gleichaltrigen Ehefrau seines Vermieters, der er Klavierunterricht erteilt, an. Einmal mehr bewährt sich die alte Schlagerweisheit, die einen Zusammenhang zwischen Piano-Beherrschung und „Erfolg bei den Frauen" behauptet. Der Gatte zeigt sich wenig amüsiert und beschuldigt May prompt bei der zuständigen Superintendentur, dass der sich „in der unwürdigsten Weise" bemüht habe, „die Ehefrau von ihm abwendig und seinen schändlichen Absichten geneigt zu machen." Obwohl der Superindentent davon überzeugt ist, dass es „keine Spezialitäten von der Art" seien, die eine Entlassung notwendig machen würden, steht May nicht einmal zwei Wochen nach Dienstantritt wieder auf der Straße.

Die Uhrenaffäre

Schon eine Woche nach seiner Entlassung bewirbt er sich im Oktober 1861 um eine Stelle in einer der Fabrikschulen der Spinnereien Claus und Solbig in Chemnitz. Dass er bereits zehn Tage darauf seinen Dienst antritt, hat nichts mit der Begeisterung seiner Arbeitgeber über seine Qualifikationen zu tun. Der Unterricht von zehn- bis vierzehnjährigen Kindern, die völlig erschöpft von vorangegangener Fabrikarbeit bei schlechter physischer Verfassung nachmittags ihre Stunden absitzen, gilt als der denkbar unpopulärste Job im sächsischen Schulwesen. Ein Revisionsbericht über eine Hospitation in Mays Unterrichtsstunde am 10. Dezember 1861 beschreibt die Schüler „ohne alle Haltung, die Hände aufgehoben, die Körper schlaff, kurz sie gewährten einen jammervollen Anblick". Mays „Dienstwohnung" ist ein möbliertes Zimmer samt Schlafraum, das er sich mit einem Mitbewohner teilen muss. Dieser, ein Buchhalter namens Scheunpflug, zeigt sich von der Einquartierung wenig erfreut. May schreibt rückblickend: „Hierdurch verlor er seine Selbstständigkeit und seine Bequemlichkeit; ich genierte ihn an allen Ecken und Enden, und so läßt es sich gar wohl begreifen, daß [...] ihm der Gedanke nahelag, sich auf irgendeine Weise von dieser Störung zu befreien." Und die Gelegenheit bietet sich ausgerechnet zum bevorstehenden Fest der Liebe und Versöhnung.

May darf eine alte Taschenuhr des Buchhalters benutzen. Die hängt an einem Nagel im gemeinsamen Zimmer, von dem May sie beim Verlassen der Wohnung abnimmt und nach Beendigung des Unterrichts wieder anhängt. Doch am Heiligabend 1861 sollte es anders kommen. May hat noch bis 16.00 Uhr Unterricht. Diesmal geht er nach Schulschluss nicht mehr in die gemeinsame Unterkunft, sondern nimmt den nächsten Zug nach Ernstthal, um möglichst bald mit seiner Familie zu feiern.

Im Reisegepäck befinden sich eine Tabakspfeife, eine Zigarrenspitze und die entliehene Uhr seines Stubengenossen, die der nicht an ihrem angestammten Platz vorfindet.

1910 rechtfertigt May sich in seiner Autobiographie für dieses tatsächliche oder scheinbare Versäumnis: „Die Uhr zurückzulassen, daran hatte ich in meiner Ferienfreude nicht gedacht. Als ich bemerkte, daß sie sich in meiner Tasche befand, war mir das sehr gleichgültig. Ich war mir ja nicht der geringsten unlautern Absicht bewußt. [...] Ich hatte die Schülerzeit hinter mir; ich besaß ein Amt; ich bekam Gehalt."

Angeblich hatte er über solch verständlichen Stolz hinaus auch den Weg ins Reich der Edelmenschen im Blick: „Der Anfang zum Aufstieg war da. [...] Ich sah die Abgründe hinter mir gähnen, vor mir aber keinen mehr, denn mein Weg schien

zwar schwer und mühevoll, aber völlig frei zu sein: Schriftsteller werden; Großes leisten, aber vorher Großes lernen!"
Ein „Empor", ein Aufstieg in höhere, reinere Sphären, zieht
sich 1910 als roter Faden durch seine Autobiographie „Mein
Leben und Streben". Der Autor schafft damit seine Privatver-
sion der Goetheschen Lebensbeschreibung „Aus meinem Leben. Dichtung und Wahrheit". Bis in Einzelheiten orientiert
sich May am nicht nur für ihn maßgebenden Vorbild. Wie
einst der Klassiker in Frankfurt will auch er als Kind von einer
Puppentheateraufführung des „Faust"-Stoffes geprägt worden
sein. Rückblickend schreibt er zu diesem Erlebnis: „Seit jenem
Abende ist mir das Theater bis auf den heutigen Tag als eine
Stätte erschienen, durch deren Tor nichts dringen soll, was un-
sauber, häßlich oder unheilig ist."

Der erste Weihnachtstag 1861 allerdings wird May erneut
das Gesicht eben jener bitteren Realität zeigen. Auf die
Träume von bürgerlicher Sicherheit im Kreise der Familie
folgt das böse Erwachen. Mays Stubengosse hat das Fehlen
seiner Uhr bemerkt und sofort seine Chance genutzt, den läs-
tigen Mitbewohner loszuwerden. Er zeigt das Ganze als Diebstahl an. Am 25. Dezember wird May beim Billard von einem
Chemnitzer Gendarmen vom Fleck weg verhaftet. Und es
kommt noch schlimmer. Da May im ersten Schock den Besitz
der Uhr leugnet, die natürlich bei ihm gefunden wird, glaubt
ihm niemand, dass er das gute Stück nur entliehen hat. Obwohl er beharrlich eine Diebstahlabsicht abstreitet, wird er im
Februar 1862 zu einer sechswöchigen Gefängnisstrafe verurteilt.

Kriminelle Karriere und Haft
1862–1878

„…ich brach zusammen!"

In seiner Autobiographie schildert May die Auswirkungen der „Uhrenaffaire" auf sein Seelenleben: Die „Begebenheit hatte wie ein Schlag auf mich gewirkt, wie ein Schlag über den Kopf, unter dessen Wucht man in sich selbst zusammenbricht. Und ich brach zusammen! Ich stand zwar wieder auf, doch nur äußerlich; innerlich blieb ich in dumpfer Betäubung liegen; wochenlang, ja monatelang. Daß es grad zur Weihnachtszeit geschehen war, hatte die Wirkung verdoppelt."

Das „Fest der Liebe und Versöhnung", an dem er schon zwei Jahre früher unter der Beschuldigung des Kerzendiebstahls und des Verweises aus dem Seminar in Glauchau Qualen gelitten hat, wird nun zum endgültig lebenslangen Trauma.

Die ersten beiden Seiten des bereits erwähnten Romans „Weihnacht" von 1897 lobpreisen im Traktätchenton das Fest so übertrieben süßlich, dass die eigentlich für den Autor damit verbundene Tragik wie überzuckerter Brei zwischen den Zeilen hervorquillt:

„Weihnacht! Welch ein liebes, liebes, inhaltsreiches Wort! [...] Dem gläubigen Christen ist es der Inbegriff der heißersehnten Erfüllung langen Hoffens auf die Erlösung aller Kreatur, und auch für den Zweifler bedeutet es eine alljährlich wiederkehrende Zeit allgemeiner Festlichkeit, der Familienfreude und der strahlenden Kinderaugen. Jenem leuchtet in der tiefsten Tiefe seines Herzens der Wahrspruch ,Jesus Christus gestern und heut und derselbe in alle Ewigkeit!'"

Doch schon kurz darauf verrät sich May, wenn er davon schreibt, gerade zur Weihnachtszeit ein Gedicht „fast möchte ich sagen, verbrochen" zu haben.

„Verbrochen" ist das Schlüsselwort, das nun in den verschiedensten Formen Mays weiteres inneres und äußeres Dasein quälend überschatten wird; noch kurz vor seinem Lebensende muss er sich gegen den Vorwurf, ein „geborener Verbrecher" zu sein, gerichtlich zur Wehr setzen. Und der Alptraum nimmt kein Ende. Am 20. Juni 1863 wird Mays Name aus der Liste der Schulamtskandidaten für immer getilgt. Das bedeutet lebenslanges Berufsverbot für eine Tätigkeit, die May neben einem Wirken als Arzt am meisten am Herzen lag. Nicht ohne Grund sind die Superhelden seiner literarischen Ich-Phantasie nicht nur in den Heilkünsten bewandert, sondern auch überzeugte Pädagogen. Beschert Kara Ben Nemsi in „Durch das Land der Skipetaren" den Chirurgen des Balkans die Kunst des Gipsverbandes, so erklärt Old Shatterhand im „Winnetou" seinem Mentor Sam Hawkens, mit den nach der Rückkehr in der Heimat zu verfassenden Büchern zum „Lehrer meiner Leser" werden zu wollen.

Doch vom zukünftigen Autorenruhm ist Karl May in der zweiten Jahreshälfte 1862 ohnehin weiter entfernt als je zuvor. Die sechswöchige Haftstrafe, die er vom 8. September bis zum 20. Oktober 1862 wegen der Uhrenaffäre im Gerichtsgefängnis von Chemnitz verbüßt, zerrüttet ihn seelisch und moralisch. Es ist eher die Demütigung als die äußeren Umstände der Haft, die ihm zu schaffen macht. Er muss ja nicht einmal wegen Diebstahl, sondern wegen „widerrechtlicher Benutzung fremder Sachen" einsitzen. Das Tragische ist auch der juristische Sachverhalt: Hätte sich die „Uhrenaffäre" neun Jahre später, nach Gründung des Deutschen Reiches mit seiner einheitlichen Gesetzgebung abgespielt, wäre sie gar nicht mehr strafbar gewesen.

Nach der Haftentlassung war sein Leben ein Trümmerhaufen. Natürlich versucht er sich abzulenken. So „verpulvert" er nach späteren Erinnerungen seiner Schwester Karoline „Geld mit einer Künstlerin" der Leipziger Theater- und Ballett-Gruppe, H. Jerwitz, die ein Gastspiel in Ernstthal gibt. Später wird er das bittere Los solcher von der Gunst geldgierig-wollüstiger Impresarios abhängiger Künstlerinnen in den Roman „Der verlorene Sohn" einfließen lassen. Doch seine eigene Lage ist nicht minder bitter. Der Wiedereintritt in den Schuldienst ist ihm für immer versagt, diverse Mucken – er rezitiert bei „musikalisch-declamatorischen Abendunterhaltungen" Gedichte – oder Gesangsstunden reichen nicht einmal für das Nötigste. Schlimmer noch: Das Ernstthaler „Lehrercollegii" lässt May diesen kümmerlichen Nebenverdienst – „das unbefugte Ertheilen v. Privatunterricht seitens des gew. Hilfslehrers K. Fr. May" – durch die Schulinspektion untersagen. May versucht sich als früher Gotthilf Fischer. So findet man ihn 1864 als Leiter des „Gesangsvereins Lyra", für den er auch einige Stücke komponiert. Eine „Posse mit Gesang" unter dem schlagkräftigen Titel „Die Pantoffelmühle" kommt allerdings nicht über erste Entwürfe hinaus. Selbst diese Randnotiz seines Lebens fließt in versteckter Form selbstironisch ins Werk. In der 1897 in Buchform erschienenen Jugenderzählung „Der Ölprinz" gelingt es dem schrulligen Kantor Matthäus Aurelius Hampel, im Film 1965 von Heinz Erhard verkörpert, ebenfalls nicht, eine geplante Oper zu den Helden des Westens zu verwirklichen. Wie sehr Karl May das Projekt eines Musikstückes für die Bühne am Herzen gelegen hat, zeigt sich darin, dass auch ein anderes Ereignis aus dem unmittelbaren zeitlichen Umfeld der gescheiterten „Pantoffelmühle" im „Ölprinz" auftaucht. Am 13. Februar 1864 verstirbt im heimischen Ernstthal Christiane Ebersbach, die populäre Wirtin des Gasthauses „Zur Stadt Glauchau". Im Wildwestabenteuer erlebt sie in der Rolle der Gastwirtin Rosalie Ebersbach, verwitwete Leiermüllerin, als resolute deutsche Auswanderin in Arizona ihre literarische Wiederauferstehung.

Rache!

Indessen geht es für May weiter hinab ins tiefste Ardistan. In einer als interne Vorlage für das Gericht in den zahlreichen Prozessen seiner späten Jahre bestimmten Auseinandersetzung mit der Vergangenheit unter dem Titel „Meine Beichte" erinnert er sich 1908: „Der Gedanke an die mir widerfahrene Schande und an das Herzeleid meiner armen Eltern und Geschwister bohrte sich so tief und so vernichtend in meine Seele ein, dass sie schwer und gefährlich erkrankte. Ich sann auf Rache, und zwar auf eine fürchterliche Rache, auf etwas noch niemals Dagewesenes. Diese Rache sollte darin bestehen, dass ich, der durch die Bestrafung unter die Verbrecher Geworfene, nun auch wirklich Verbrechen beging." Glaubt man Mays Beschreibung, leidet er erstmals unter schizophrenen Schüben. So berichtet er 1910 von ihn in jener Zeit plagenden innere Stimmen: „Wenn ich nicht tat, was diese lauten Stimmen in mir verlangten, wurde ich von ihnen mit Hohngelächter, mit Flüchen und Verwünschungen überschüttet."

In der autobiographischen Rückschau von 1910 ist May, der sich zeitlebens mit medizinischen Phänomenen befasste und dessen Bibliothek der späten Jahre Fachbücher zu deren verschiedensten Ausprägungen enthielt, über seine damalige

seelische Erkrankung völlig im Klaren: Im Kapitel „Im Ab-
grund" kennzeichnet er die Phase von 1862 bis 1874 als „die
Zeit, welche [...] für den Psychologen aber die interessanteste
ist. Es liegt mir in der schreibenden Hand und in der Feder,
der vorliegenden Darstellung jene psychologische oder gar
kriminalpsychologische Färbung zu geben, welche am besten
geeignet wäre, das, was damals in mir vorgegangen ist, für
den Fachmann begreiflich zu machen; aber ich schreibe hier
nicht für den seelenkundigen Spezialisten, sondern für die
Welt, in der meine Bücher gelesen werden." Auch wenn May
beschönigend meint, „nicht geistes-, sondern seelenkrank" gewesen zu sein, so weist die Bemerkung, dass er „eine gespal-
tene Persönlichkeit" gewesen sei, in die richtige Richtung. Allerdings ist zu berücksichtigen, dass die Beschreibung seines
damaligen Geisteszustandes 1908 über fünfzig Jahre zurück-
liegt. So kann zumindest eine Trübung seiner Erinnerung
nicht ausgeschlossen werden. Ob Griesingers zeitgenössische
Studie „Die Pathologie und Therapie der psychischen Krank-
heiten", bei der er sich ansonsten informierte, auch die Darstellungen in seiner Autobiographie beeinflusste, ist nicht
nachweisbar.

Von „fürchterlicher Rache" an der Gesellschaft kann bei den
nun folgenden Taten keine Rede sein. Morde an seinen Peini-
gern, an ungerechten Justizbeamten oder ein Amoklauf am
Lehrerseminar bleiben aus. Spätere Interpretationen machen
aus May gern einen sächsischen Robin Hood nach Art des legendären Stülpner-Karl, einem erzgebirgischen Wilddieb.
Doch May spielt nicht mit Schießeisen, sondern mit Identitä-
ten. Im Juli 1864 und im März 1865 betätigt er sich unter den
sprechenden Namen „Dr. med. Heilig", „Seminarlehrer Lohse"
sowie „Noten- und Formenstecher Hermin" im Metier Felix

Krulls. Die noms de guerre des frischgebackenen Hochstaplers lassen dessen unerfüllten Sehnsüchte und ungehörten Rechtfertigungen erkennen: der Wunsch Mays, Mediziner mit der Schuldlosigkeit eines Heiligen zu werden, das verlorene Lehramt und der rächende Gott der Diebe, Hermes, der einer verlogenen, blinden Umwelt den Star sticht.

Als er sich unter dem Namen „Dr. med. Heilig" im Juli 1864 bei einem Schneider in Penig unweit seines Heimatortes eine komplette Garderobe ergaunert, stellt der ihm einen augenkranken Mann aus seinem Haus vor. Das in Latein verfasste Rezept, das der „Herr Doktor" nach eingehender Untersuchung ausstellt, ist so überzeugend, dass ihm ein am 20. Juli erlassener Steckbrief „eine mehr als gewöhnliche Schulbildung" attestiert. Danach lässt sich May treiben, um acht Tage vor Weihnachten 1864 – eine für ihn seit Seminarverweis und erster Inhaftierung stets kritische Zeit – erneut zuzuschlagen. Als „Seminarlehrer Lohse" schwatzt er einem Kürschnerlehrling Pelze und Pelzkragen für einen angeblichen Direktor ab. Bei dem Versuch, einen erschwindelten Biberpelz am Leipziger Brühl, einer Drehscheibe des internationalen Handels mit den kostbaren Naturprodukten, zu Geld zu machen, wird er am 26. März 1865 verhaftet. Mays stuporöses Verhalten im Verlauf der Verhaftung vertieft den Verdacht einer psychischen Erkrankung. Das muss auch den Ermittlern aufgefallen sein. Das Polizeiprotokoll beschreibt es so: „Der Arretierte ist anfänglich ganz reglos u. anscheinend leblos gewesen, hat auch, nachdem der Herr Pol. Arzt hinzugezogen wurde, nichts gesprochen." Auch May selbst bemerkte, dass es ihm zunehmend schlechter geht.

Doch anstatt einem Psychiater wird er dem Haftrichter vorgeführt. Am 8. Juni 1865 verurteilt ihn das Bezirksgericht

Leipzig wegen Betrugs zu vier Jahren und einem Monat Arbeitshaus, einer Art abgemildertes Zuchthaus, was besonders durch geregelte Aktivitäten zu resozialisieren suchte.

Schrieb er seine Bücher im Gefängnis?
May sitzt vom 14. Juni 1865 bis zum 2. November 1868 auf Schloss Osterstein in Zwickau, wo später auch andere Prominente wie August Bebel und Rosa Luxemburg Haftstrafen verbüßen werden. Anstaltsleiter ist Hans Eugen d'Alinge, der Großvater der Regisseurin Thea von Harbou. Die teilt mit ihrem Mann Fritz Lang eine lebenslange Begeisterung für Karl May. Elemente seines Werkes fließen in gemeinsam produzierte Filme wie „Der müde Tod" ein. Zunächst weder psychisch noch physisch zu geregelter Tätigkeit in der Lage, erholt sich Karl May unter den vergleichsweise geordneten Verhältnissen in Deutschlands damals humanstem Strafvollzug erstaunlich schnell und ist nun mit der Herstellung von Geld- und Zigarrenbörsen beschäftigt. Dass in dem Delinquenten viel mehr steckt, fällt der Anstaltsleitung recht bald auf. So wird er Mitglied eines Posaunenquartetts und im Chorsänger, darf Musikstücke arrangieren und wird sogar „besonderer Schreiber" des Direktors.

Ab 1867 reifen nun tatsächlich Pläne, ein berühmter Autor zu werden. Als Betreuer der Anstaltsbibliothek – einem weiteren Vertrauensposten – hat er Zugriff auf über 4000 Bücher. Zu den Herz- und Schmerzgeschichten, Ritterromanen und wüsten Räuberpistolen seiner frühen Lektüre in der Wirtshausleihbibliothek gesellt sich nun die Lektüre der deutschen Klassik – Schiller wird ihn lebenslang nicht mehr loslassen –, vor allem aber geographischer Sachbücher, Reiseberichten und der klassischen Abenteuerromane eines Frederick Marryat um raue Seebären oder Coopers „Lederstrumpf"-Saga. Rückblickend „verwandelte sich für mich die Strafzeit in eine Studienzeit, zu der mir größere Sammlung und größere Vertiefungsmöglichkeit geboten war, als ein Hochschüler jemals in der Freiheit findet. […] Noch heut bin ich ganz besonders dankbar dafür, daß es mir nicht verboten war, mir fremdsprachige Grammatiken anzuschaffen und hierdurch den eigentlichen Grund zu meinen späteren Reisearbeiten zu legen."

Ist das auch maßlos übertrieben, so wurde seine Phantasie jetzt unzweifelhaft in literarische Bahnen gelenkt. Ein aus seiner Haftzeit erhalten gebliebenes „Repertorium C. May" lässt in der Fülle der Themen, die er zukünftig bearbeiten will, noch keine Fixierung auf den abenteuerlichen Exotikroman mit deutschen Superhelden erkennen. Insgesamt entwickelt es sich Anfang 1868 gar nicht schlecht für den zerrütteten Menschen May. Angeblich will er unter den seiner Erholung förderlichen Bedingungen der Haft endgültig zum „Empor" gefunden haben, wobei auch das Blindheitsmotiv im Sinne des Nichterkennens wesentlicher Dinge erneut eine Rolle spielt:

„Es sind mir da ganz eigenartige Lichter aufgegangen. Ich habe da in die tiefsten Tiefen des Menschenlebens geschaut und Dinge gesehen, die andere niemals sehen werden, weil sie keine Augen dafür haben. Ich habe da erkannt, daß Großmutters Märchen die Wahrheit sagt, daß es ein Dschinnistan und ein Ardistan gibt, ein ethisches Hochland und ein ethisches Tiefland, und daß die Hauptbewegung, an der wir alle teilzunehmen haben, nicht von oben nach unten geht, sondern von unten nach oben, empor, empor zur Befreiung von der Sünde, hinauf, hinauf zur Edelmenschlichkeit." Die merkwürdige Charakterisierung seiner männlichen Mithäftlinge als „lauter schlafende Dornröschen, die darauf warten, von der

Barmherzigkeit und Liebe wachgeküßt zu werden", gibt aller-dings auch Anlass zu Spekulationen über Mays sexuelle Prä-ferenzen jener Zeit.

Anfang November 1868 wird er ein halbes Jahr vorfristig entlassen. In seiner Selbstbiographie behauptet er 1910, dass er die Anstalt mit „meinen Manuskripten bewaffnet [...] zum Kampf gegen des Lebens Widerstand verließ". Nachweisen lässt sich trotz intensiver Forschung kein einziger Text, ge-schweige denn eine Veröffentlichung. Immerhin: Bereits hier leistet May dem bis heute weitverbreiteten Vorurteil „der hat doch alle seine Bücher im Knast geschrieben" Vorschub.

Karl May, Felix Krull und Don Juan

In der vermeintlichen Freiheit nimmt alles wieder seine Wen-dung zum Schlechten. Während der Haft war die wichtigste emotionale Bezugsperson in Mays Kindheit, die legendäre Märchengroßmutter, im für damalige Verhältnisse hohen Al-ter von 85 Jahren verstorben. Für den ichzentrierten May hat sie natürlich der Gram um sein Schicksal dahingerafft. Ablen-kung von seiner prekären Lage sucht er in einer Beziehung zu einem Dienstmädchen, das anlässlich einer wenig später ein-setzenden Fahndung auch verhört wird. Von der kleinstädti-schen Umwelt Hohensteins misstrauisch beäugt, verdächtigt man den Haftentlassenen ohnehin bald verschiedener, nach-weislich nicht von ihm begangener Delikte. Unter dem äuße-ren und inneren Druck eskalieren Mays psychische Probleme: „Es begann das frühere Elend, die frühere Marter, der frühere Kampf mit unbegreiflichen Mächten, die umso gefährlicher waren, als ich absolut nicht entdecken konnte, ob sie Teile von mir seien oder nicht. [...] Sie verlangten wie früher, daß ich mich rächen solle."

Es erinnert an den Zwiespalt Gollums in Tolkiens Roman „Der Herr der Ringe". Der ausgestoßene Hobbit ist innerlich zerrissen zwischen der Liebe zu Frodo und dem wahnhaften Verlangen nach dessen Ring. Wie bei diesem bedauernswert-abstoßenden Geschöpf gewinnt auch bei May schließlich der Drang zur bösen Tat die Oberhand. Er erliegt den Verlockungen der „dunklen Seite der Macht". Von Ende März bis zu seiner Ergreifung Anfang Juli 1869 häufen sich nun erneut merkwürdige Delikte.

Als „Polizeileutnant von Wolframsdorf" oder „Mitglied der geheimen Polizei" beschlagnahmt er angebliches Falschgeld. In einer Gaststube klaut er fünf Billardkugeln. Der Raub eines Pferdes erinnert an spätere Romanepisoden aus dem Wilden Westen oder dem Orient. Das Tier stiehlt er aus dem Stall der Erbschenke in Bräunsdorf, einer Gemeinde unweit von Hohenstein. Wie der Schurke Ik Senanda im „Schwarzen Mustang", erpicht auf die edlen Rösser Winnetous und Old Shatterhands, hat er die Kneipe zwar nicht beim Brandy, so doch bei einem Glas Nordhäuser Korn vorher ausgespäht. Am 2. Juli 1869 wird May in der Gastwirtschaft Engelhard, wo er einst als Kegelbub Räuberromane wie „Rinaldo Rinaldini" auslieh, schließlich vom Wirt und dessen Schwiegersohn im Schlaf überwältigt. Doch ein wenig spektakulärer musste das Ende seiner kriminellen Karriere wohl aussehen. Verröchelt er auch nicht wie Rinaldini oder Robin Hood in den Armen einer Geliebten oder stirbt in seinen Stiefeln wie ein Revolverheld, so entflieht er wenigstens auf dem Transport zu einer Gegenüberstellung in bester Action-Manier. Nahe Kuhschnappel zerbricht Karl May seine eisernen Fesseln – wie, ist bis heute ungeklärt – und entspringt seinem Bewacher. Der wird zur Strafe zum Hilfsschaffner bei der königlich-sächsischen Eisenbahn degradiert. Jetzt wird May per Steckbrief gesucht.

Inzwischen ist der Flüchtige als „Schriftsteller Heiches aus Dresden, natürlicher Sohn des Prinzen von Waldenburg" bei Malwine Wadenbach, der Wirtschafterin eines Rittergutes in der Nähe von Halle, untergetaucht. Und wieder einmal ergibt sich eine menage à trois. Sowohl die fünfzigjährige Malwine wie deren erwachsene Tochter Alma erliegen dem Charme des scheinbar so welterfahrenen Autors. Doch ruhelos zieht es ihn weiter. In der Nacht zum 4. Januar 1870 wird er als verdächtige Person von Gendarmen in Nordböhmen aufgegriffen. Bei ersten Vernehmungen gibt er sich als Albin Wadenbach, Pflanzer aus Orby auf Martinique, aus, der mit seinem Bruder europäische Verwandte, u. a. erwähnte Malwine, besuchen will. Bei einer Trennung habe der Bruder versehentlich beider Geld und Pässe mitgenommen, sodass er völlig unstandesgemäß reisen müsse. Über einen Monat, in dem hin- und hereilende Anfragen bei den sächsischen und preußischen Behörden zunächst ergebnislos bleiben, führt er die k. u. k. Gendarmerie mit seinen Märchen an der Nase herum.

Doch endlich kommt seine tatsächliche Identität ans Licht. Am 14. März 1870 wird er den sächsischen Behörden überstellt und schon einen Monat später, am 13. April, vom Bezirksgericht Mittweida zu vier Jahren Zuchthaus verurteilt, die er in Waldheim verbüßt. Hier muss er in Einzelhaft einsitzen und zunächst Zigarren drehen. „Ich lernte alle Arten von Tabak kennen und alle Sorten von Zigarren fertigen, von der billigsten bis zur teuersten." Auch diese Episode seines Häftlingslebens hinterlässt Spuren im Werk. Mays Alter Ego Old Shatterhand ist ein begeisterter Zigarrenraucher. Und wenn er als einsamer Westmann mitten unter Sioux und Bisons nicht mehr auf die edlen Produkte der Zivilisation zurückgreifen kann, trocknet er diverse Präriekräuter unterm Sattel, dreht selbst und offeriert die Produkte gaumenharten Westmannskollegen. Mit einem nicht minder umstrittenen Zeitgenossen und Vielschreiber hat May damit nicht nur den Vornamen, die Begeisterung für rote Brüder oder ein dreibändiges Hauptwerk gemein: Beklagt Karl Marx im Londoner Exil, dass ihm „die ganze ökonomische Sch… nicht mal das Geld für Zigarren eingebracht hat", so muss Karl May im November 1889 „seine geliebten Zigarren, die er bei der Arbeit in großen Mengen verbraucht […] auf Rechnung beziehen, ohne die Rechnungsbeträge bezahlen zu können".

Mitte 1871 kommt er von der Einzel- in die leichter zu ertragende Kollektivhaft. Und auch sonst bessert sich Einiges. Daran hat der katholische Anstaltskatechet Kochta, der dem Protestanten May nach Kräften hilft, einen entscheidenden Anteil. Er bringt ihn als Organisten der Anstaltskirche unter und ermuntert ihn vor allem zum Schreiben. So erscheinen im September 1872 Mays erste tatsächlich nachweisbare Publikationen. Es sind vermutlich anlässlich eines Preisausschreibens verfasste Gedichte. Sogar seine seelischen Leiden werden endlich professionell behandelt. Dem an praktischer Psychiatrie interessierten zweiten Anstaltsarzt Adolf Knecht gelingt es, die Psyche des Gequälten weitgehend zu stabilisieren.

Am 2. Mai 1874 ist es soweit: Karl May wird aus der Haft entlassen. Ein aus seinem Heimatort stammender Aufseher will zu ihm gesagt haben: „Na, ich bin neugierig, wann wir dich hier wieder sehen." Ernsten Blickes soll May geantwortet haben: „Herr Schließer, mich sehen Sie hier nie wieder."

In wilder Ehe beim „Schundverlag"

1875–1878

Redakteur bei der Kolportage

Viel hat sich in den letzten vier Jahren Haft zwischen 1870 und 1874 in der Welt verändert.

Während „Züchtling No. 402" Zigarren dreht, schmiedet Bismarck im Krieg gegen Frankreich aus „Blut und Eisen" 1870/71 das deutsche Kaiserreich. Doch selbst in Freiheit hätte Karl May an den Siegen über den „Erbfeind" nicht teilhaben können. Er war bereits am 6. Dezember 1862 als „untüchtig" für den Militärdienst ausgemustert worden. Die Gründe lagen wahrscheinlich in schlecht ausgeheilten Mangelkrankheiten und seinen Plattfüßen. Aus Paris fließen 120 Millionen Goldmark Kriegskontributionen, was einem heutigen Wert von fast anderthalb Milliarden Euro entspricht. Dieser „Reichskriegsschatz", der in 1200 schweren Kisten wie eine Art Nibelungenhort im Juliusturm der Spandauer Zitadelle in Berlin eingelagert wird, mag Mays Phantasie 1878 zu der historischen Novelle „Die Kriegskasse" angeregt haben. In seinem Kolportageroman „Die Liebe des Ulanen" wird eine Kriegskasse, die bei den Wirren um Waterloo 1815 verloren ging, zum Hitchcockschen „McGuffin", dem alle Parteien bis zum Showdown nach der Schlacht bei Sedan im September 1870 nachjagen. So wie das Wiederauffinden des Schatzes dem preußischen Adelsgeschlecht von Königsau immerwährenden Ruhm und bereits verloren geglaubten Wohlstand beschert, so führen die französischen Kontributionen zum gesamtdeutschen Gründerboom. Die Wirtschaft in den traditionellen sächsischen Industriezentren wie Dresden, Leipzig oder Chemnitz prosperiert. Neue typographische Techniken wie die Rotationsdruckmaschinen ermöglichen jetzt hohe Auflagen von Unterhaltungsromanen und Boulevardblättern, nach denen ein informations- und entspannungssüchtiges Publikum nach dem alltäglichen Tanz ums goldene Kalb verlangte. Zwei Monate nach Mays Entlassung aus Waldheim wird zudem ein reichseinheitliches Pressegesetz verabschiedet, was die Gründung von Zeitschriften erheblich erleichtert.

Die Chancen, dass für den nun schon Vierunddreißigjährigen auch ein paar Krümel vom großen Einheitskuchen abfallen, stehen also gar nicht schlecht. Die Gelegenheit dazu tritt mit dem Verleger Heinrich Gotthold Münchmeyer in Mays Leben. Der Unternehmer wittert in der Aufbruchsatmosphäre des Buch- und Pressewesens ein Riesengeschäft mit ‚Sex and Crime' für die Massen. Auf Baustellen und Tanzböden hatte der ehemaligen Zimmermannsgeselle und Dorfmusiker ein ausgeprägtes Gespür für die Bedürfnisse eines breiten Publikums entwickelt.

Gemeinsam mit seinem Bruder, einem früheren Schneider, baut er in Dresden ein florierendes Kolportageunternehmen auf. Kolportageerzeugnisse – vor allem christliche Traktate, „Aufklärungsschriften", Liebes- und Spannungsromane oder Lexika – wurden zunächst durch Hausierer oder per Post in Heftform zum Sammeln vertrieben. Hatte man alle Teilausgaben eines Werkes zusammen, brachte man sie zum Buchbinder. Münchmeyers gleichzeitig spektakulärstes wie populärstes Produkt, dessen zweifelhafter Ruf selbst ins beschauliche Vorerzgebirge gedrungen war, ist bislang das erotische Lieferungswerk „Die Geheimnisse der Venustempel aller Zeiten und Völker oder Die Sinnenlust und ihre Priesterinnen. Geschichte der Prostitution und ihrer Entstehung, sowie die Darlegung ihrer Folgen auf die Entwicklung der Menschheit" von 1874. Laut dem späten May spekulierte es „auf die allergemeinste Sinnenlust". Seine „phrygischen Buntdruckbilder waren nackt und frech im höchsten Grade. Hunderte von Textzeichnungen illustrierten die Begattung und ihren Verlauf in jeder, sogar der unnatürlichsten Weise." Das Werk, das damit seine üppige pornographische Schlagseite kaum verbergen will, wird noch im Dezember des Erscheinungsjahres kurz hintereinander in Preußen und Österreich verboten.

Doch Münchmeyer ist unverwüstlich. Er macht sich mit seinem Bruder auf die damals vierstündige Bahnfahrt nach Ernstthal, um May als Redakteur seiner Postille „Der Beobachter an der Elbe" zu gewinnen. May stand bereits seit 1869 mit ihm in Verbindung und hatte ihm wahrscheinlich wiederholt Texte zur Veröffentlichung angeboten. Mit dem Redakteursposten unterbreiten ihm die Brüder Münchmeyer ein Angebot, was der ganz unten Angekommene nicht ablehnen kann. Ein in Aussicht gestelltes festes Jahresgehalt von 600 Talern erleichtert die Entscheidung Mays ebenso wie die schmeichelnde Titulierung als „Doktor." Das ihm diese Hochstapelei einmal zum Fallstrick werden könnte, kommt ihm, der nun erstmals scheinbare Anerkennung erfuhr, nicht in den Sinn. Auch Münchmeyer kann zufrieden sein. Die Einstellung eines ehemaligen Häftlings – und May war nicht der einzige Vorbestrafte in seinem Unternehmen – entsprang keinem humanen Impuls, sondern dem schlichten Kalkül eines Zynikers. Gegenüber May machte der Chef aus dem wahren Grund seiner Resozialisierungsmaßnahmen auch kein Hehl: „Solche Leute hat man im Sack. Sie müssen tun, was man will, damit man ihre Vergangenheit nicht erfährt. So ein bestrafter Schriftsteller schreibt gern um den geringsten Preis, wenn man ihm nur verspricht, zu schweigen." Und May übertrifft die Erwartungen seines Arbeitgebers. Erfindungsreich lässt er in Eigeninitiative die Zeitschrift „Beobachter an der Elbe" eingehen „und gründete drei andere an seiner Stelle, nämlich zwei anständige Unterhaltungsblätter, welche ‚Deutsches Familienblatt' und ‚Feierstunden' betitelt waren, und ein Fach- und Unterhaltungsblatt für Berg-, Hütten- und Eisenarbeiter, dem ich die Ueberschrift ‚Schacht und Hütte' gab".

Es ist ein bunter Mix populärwissenschaftlicher Beiträge und religiös eingefärbter Gesellschafts- und Naturbetrachtungen, die sogenannten „Geographischen Predigten", die den Inhalt von „Schacht und Hütte" bestimmen. Nicht die Helden des Westens wie Old Firehand oder Hobble-Frank, sondern Pioniere des Dampfes wie James Watt oder der Eisenbahnkönig Strousberg, den 1875 im zaristischen Moskau ein ähnliches Schicksal wie den Oligarchen Chodorkovskij im Russland Putins ereilte, prägen die Zeitschrift. Das abenteuerliche Genre bleibt Mays Beiträgen im „Deutschen Familienblatt" vorbehalten.

Inn-nu-woh und der „Alte Dessauer"

Dort schlägt 1875 auch die Geburtsstunde seiner berühmtesten literarischen Schöpfung. Die heißt noch „Inn-nu-woh, der Indianerhäuptling" und ist Sioux und nicht Apatsche. Die Handlung, die Rettung eines Kindes vor einem schwarzen Panther durch einen Indianer auf einem Dampfboot, erkennt der May-Freund als Teil des ersten Kapitels von „Der Schatz im Silbersee" von 1894. Bereits jetzt, zwei Jahrzehnte früher, zeichnen sich typische Arbeitstechniken Mays ab: Die Beschreibung des Handlungsortes New Orleans entlehnt er einem anderen Autor; dem damals durch Romane wie „Die Flusspiraten des Mississippi" berühmten Friedrich Gerstäcker. Den Namen der indianischen Hauptfigur Inn-nu-woh ändert May in der ebenfalls 1875 erscheinenden Wildwest-Erzählung „Old Firehand" in Winnetou um. 1910 wird diese wundersame Wandlung mit der Übersetzung in einen anderen indianischen Dialekt erklärt. May konnte sich darauf verlassen, dass sein Lesepublikum den Urtext aus einer längst vergessenen Zeitschrift, wo der Häuptling noch dem Stamme des Mörders des Apatschen angehört, nicht kannte. Die „Old Firehand"-Episode findet mit leichten Veränderungen Eingang in eines seiner populärsten Bücher. Sie wird Kern der zweiten großen Erzählung in „Winnetou II". Die ursprüngliche Story kommt in diesem Falle lebendiger daher als ihre berühmtere Romanfassung. In der ist aus Old Firehands Tochter Ellen, die dem Helden schöne Augen macht, nämlich dessen Sohn Harry geworden. Damit verbietet sich für den sittenstrengen Ich-Erzähler Old Shatterhand der Romanepoche natürlich die zarte Liebe, die für ein Münchmeyer-Produkt so typisch und wünschenswert ist.

Ein Mittelalterepos von 1875/76 trägt bereits deutlich erkennbare Züge der späteren exotischen Abenteuerererzählungen. In den „Feierstunden am häuslichen Heerde" erscheint der Fortsetzungsroman „Der beiden Quitzows letzte Fahrten", der heute unter dem Titel „Ritter und Rebellen" in einer bearbeiteten Fassung vertrieben wird. Vor dem Hintergrund der Adelsstreitigkeiten in der Mark Brandenburg in den ersten Jahrzehnten des 15. Jahrhunderts steht ein Ritter ohne Furcht und Tadel namens Sutemin als Prä-Kara-Ben-Nemsi anstatt im Sand der Sahara im märkischen Sand seinen Super-Mann.

Anstelle seines beliebten Westmanns-Duos gibt es hier ein nicht minder eigentümliches Knappenpaar. Durch den Fortsetzungsroman, den May von Friedrich Axmann übernahm und fortsetzt, weht sogar ein Hauch von Aufklärung. Ähnlich Walter Scott in „Ivanhoe" von 1819 bricht May in der Tradition Lessings eine Lanze für die städtische Judenemanzipation. Zwei ehrbare jüdische Kaufleute namens Itzig und Schmuel unterstützen die gerechte Sache. Wie ihr literarisches Vorbild Rebecca von York in „Ivanhoe" verliebt sich Itzigs Tochter – natürlich eine nicht minder orientalische Schönheit mit Mandelaugen – in den jungen ritterlichen Helden, muss aber, wie ihre englische Glaubensgenossin, zugunsten eines vergleichsweise blassen christlichen Edelfräuleins verzichten. Demjenigen, der an den historischen Hintergründen interessiert ist, sei das Kapitel „Quitzöwel" aus Fontanes „Fünf Schlössern" von 1888 empfohlen. Für Münchmeyers „Deutsches Familienblatt" verfasst May in dieser Zeit eine Reihe von Militärhumoresken um Leopold I. von Anhalt-Dessau, einem populären General der friderizianischen Epoche. Der Autor und Karl-May-Spezialist Arno Schmidt bezeichnet diese Kurzgeschichten als „von Sachkenntnis unbeschwerte ‚Historische Novellen' […] vom ‚Alten Dessauer' – einer gekrönten Bestie in Menschengestalt, die aber in ihrer unwiderstehlich=volkstümlichen Brutalität mit allen SS=Größen wetteifern kann". Die Geschichten zeigen, dass May inzwischen ein untrügliches Gespür für massenwirksame Sujets und Motive seiner Epoche entwickelt hat.

Die rummelplatzbunten Erfindungen der Siebziger um tollkühne Indianer, Beduinen, Ritter oder Husaren sind in ihrer Bandbreite ein erster Vorstoß in den späteren Abenteuerkosmos des Autors.

Münchmeyer ist beeindruckt vom Erfolg der Mayschen Veröffentlichungen und dessen verlegerischem Geschick. Er will den Autor möglichst ohne zusätzliche Kosten stärker an sein Haus binden. Deshalb versuchen er und seine Frau Pauline, die ihrem Gatten hinsichtlich Egoismus, Gewinnsucht und Bigotterie ebenbürtig ist, May mit Paulines Schwester Minna Ey zu verkuppeln.

Detektive, Piraten und 24
Doch der inzwischen routinierte Produzent literarischer Dutzendware, der auch in anderen Blättern veröffentlicht, kann es sich leisten, dankend abzulehnen. Er kündigt und entschließt sich Anfang Februar 1877 zum harten, doch unabhängigeren Leben als freier Autor. Der Abschied von, wie er ihn später nennen wird, Münchmeyers „Schundverlag" fällt leicht, denn in Kolportage-Insider-Kreisen haben sich die Qualitäten von dessen Zugpferd natürlich herumgesprochen. Nach einer kurzen Durststrecke stellt ihn im Sommer 1877 der Dresdner Verlagsbuchhändler Bruno Radelli, Münchmeyers gefährlicher Konkurrent, deshalb gern als Redakteur seines etwas dahindümpelnden Blattes „Frohe Stunden" ein. Dort wird Karl May nun allein zwölf eigene Beiträge veröffentlichen. Unter denen erlebt vor allem „Auf der See gefangen" eine im May-Universum typische Publikationsgeschichte. Noch heute macht diesen Text vor allem der Stilmix des zunächst als „Criminalroman" angepriesenen Werkes lesenswert. Immerhin spielt er im deutschen Adels-, Berliner Unterwelt-, im Piraten- und last but not least im Wildwest-Milieu. So hat man es mit dem erstaunlichen Sachverhalt zu tun, dass Winnetou und ein Detektiv einem deutschen Adligen bei einer zünftigen Seeräuberjagd zur Seite stehen. Die Piratenhäuptlinge

sind nicht die üblichen augenbeklappten Holzbeinträger, sondern bei Bedarf sogar elegante Salonlöwen. Hinsichtlich Brutalität und Wandlungsfähigkeit können sie durchaus mit John Silver aus der Jahrzehnte später entstandenen „Schatzinsel" Stevensons konkurrieren. Die Geschichte spielt etwa anderthalb Jahrhunderte nach der klassischen Piratenära vor dem Hintergrund des amerikanischen Bürgerkriegs. Besonders gelungen ist dabei die schurkische „Miß Admiral", ein Vamptyp wie Judith Silberstein in „Satan und Ischariot" und eine der seltenen Mayschen Hosenrollen. Mit ihren Auftritten weht ein eisiger Hauch von glamouröser Dekadenz und Sadismus durch mondäne Salons und über blutige Kauffahrerdecks.

Einzelheiten ihrer Biographie – die Vorliebe für Seefahrt und Männerkleider, das Geschäft mit Sklaven und die Liaison mit einem Freibeuterkapitän – verweisen auf das historische Vorbild Anne Bonny. Diese berühmte Piratin war übrigens im wirklichen Leben mit dem Seeräuber „Rackham dem Roten" liiert, dem ein belgischer Karl May, der Comickünstler Hergé, in „Tim und Struppi" ein populäres Denkmal setzte.

May beweist mit „Auf der See gefangen" endgültig, dass er sich in kurzer Zeit – immerhin war er erst drei Jahre zuvor aus dem Gefängnis entlassen worden – zu einem professionellen Unterhaltungsschriftsteller entwickelt hatte, der jeglichem Publikumsgeschmack gerecht wurde. Diese Professionalität stellte May auch in der mehrfachen Vermarktung des Textkerns von „Auf der See gefangen" unter Beweis. 1888 erfolgt ein Nachdruck in der „Deutschen Gartenlaube", und als ihm sieben Jahre später für den ursprünglich auf drei Bände angelegten Mittelteil von „Old Surehand" die Ideen ausgehen, lässt er einfach die ganze Geschichte als Seitenfüller im Wirtshaus – nicht im Spessart, sondern stilgerecht in St. Louis – aus der

Perspektive verschiedener Protagonisten zum Besten geben. Dabei hält May die Glaubwürdigkeit einzelner Versionen in der Schwebe. So erweist er sich als Autor, der heute Szenarien für Thriller wie „Die üblichen Verdächtigen" oder Actionserien wie 24 verfassen könnte. Der Karl-May-Verlag reduzierte nach dem Tod seines Stammautors die Old Surehand-Abenteuer auf zwei Bände mit der eigentlichen Handlung um den unglücklichen Titelhelden. Die Seeräuberpistole und drei weitere Abenteuer ließ er unter dem Titel „Kapitän Kaiman" 1921 separat in Band 19 der „Gesammelten Werke" erscheinen. Das von Carl Lindeberg gestaltete Titelbild mit einer sturmumbrausten Figur in Seemannskluft erinnert eher an ein Plakat für eine „Fliegende Holländer"-Inszenierung denn an ein Seeräuberstück. So verlieh man dem handfesten Spektakel um Colt und Enterbeil posthum ein wenig klassischen Glanz, den May selbst seiner Erfindung nicht zubilligt. Im zweiten „Surehand"-Band kritisiert der Erzähler indirekt die Brutalität dieser Geschichte. Einerseits war sich May bewusst, dass sie weit hinter den stilistischen und moralischen Ansprüchen anderer Erzählungen der Neunzigerjahre wie „Von Bagdad nach Stambul" oder „Winnetou" zurückbleibt. Andererseits konnte und wollte er aber auch nicht auf den seiten- und geldbörsenfüllenden Text verzichten.

Karl May und die Frauen: Das Kapitel Emma Pollmer

In den Siebzigern erscheinen sieben weitere Geschichten für Randelli unter dem wenig exotisch anmutenden Pseudonym Emma Pollmer. Was hatte May zu diesem merkwürdigen Schritt bewogen?

Schon in der Zeit zunehmender Missverständnisse mit Münchmeyer war eine neue Frau in sein durchaus nicht mönchisches Leben getreten. Ihr Name: Emma Pollmer. Wie andere berühmte Kollegen, z. B. May-Leser Brecht, nutzt May seine Partnerinnen rücksichtslos aus. Nachdem die Hohensteiner Schneiderstocher Anna Schlott wegen ihm ihre Webstellung verloren hat, „darf" sie für ihn im Frühjahr 1876 Schreibarbeiten erledigen. Am 26. März desselben Jahres ist die bei Münchmeyer angestellte Kartonarbeiterin Marie Thekla Vogel, die bei May geputzt hat, mit der unehelichen Tochter Helene niedergekommen. May wird sich nie um sie kümmern. Im Herbst 1876 heiratet Marie Vogel den Strumpfwirker und Bleicher Friedrich Hermann Albani. Mays Kind darf erst fünf Jahre später den Namen Albani annehmen. Im Ich-fixierten Werk verspiegelt May dann gern reale Sachverhalte. So trifft Kara Ben Nemsi im Orient auf einen leichtlebigen Österreicher namens Albani, der später auf dem Balkan eine Magd verführt, ohne sich um ihr weiteres Geschick zu sorgen. Auch in Mays tatsächlichem Leben bleiben die uneheliche Tochter und ihre Mutter eher eine Episode. Denn ab Mitte 1876 stehen ihm die Sinne nach Emma Pollmer, einer Ernstthaler Provinzschönheit.

Die damals zwanzigjährige üppige Brünette wächst bei ihrem Großvater, Christian Gotthelf Pollmer, einem Barbier und aufgrund diverser Kurpfuschereien selbsternannten „Chirurgus", auf. Was sie von Mays anderen Geliebten unterscheidet ist, dass sie wahrscheinlich eine größere Erfahrung im Umgang mit narzisstisch geprägten Persönlichkeiten mit Hang zu Höherem hat. Vielleicht ist sie in ihrem Egoismus May nicht unähnlich. Ihr gelüstet nach großer Welt, raus aus der piefigen Enge der Kleinstadt, die ihr recht enges Verhältnis zu Opa und ihr selbstbewusstes Auftreten argwöhnisch beäugt. Laut dem später von der Ehe mit ihr enttäuschten

Emma Pollmer

May kursierte das Gerücht, „sie sei als Mädchen sechs Wochen heimlich in Dresden gewesen, um dort ihre Entbindung abzuwarten". Verglichen mit Ernstthal wäre die liberale sächsische Landeshauptstadt mit der gerade neuentstehenden

Semperoper, eleganten Passagen mit mondänen Geschäften, schneidigen Offizieren und galanten Kavalieren für Emma ein gewaltiger Fortschritt. Die einzige Chance, diesen Traum zu verwirklichen, lag in einer „guten Partie". Die hat sie generalstabsmäßig geplant. Deutlicher und früher als ihr soziales Umfeld erkennt sie das gewaltige Potenzial, das in May schlummert. Und sie durchschaut die Psyche ihres Angebeteten nur zu gut.

Zunächst macht sie sich mit dem damals noch schmalen Werk des Zukünftigen vertraut. Von einem heute nicht mehr ermittelbaren Ghostwriter lässt sie ihre Briefe mit diversen Bildungsbrocken anreichern. May erinnert sich: „Ihre Zuschriften machten einen außerordentlich guten Eindruck. Sie sprach da von meinem ‚schönen, hochwichtigen Beruf', von meinen ‚herrlichen Aufgaben', von meinen ‚edeln Zielen und Idealen'. Sie zitierte Stellen aus meinen ‚Geographischen Predigten' und knüpfte Gedanken daran, deren Trefflichkeit mich erstaunte. Welch eine Veranlagung zur Schriftstellersfrau!" Das ist der ausschlaggebende Punkt. Er sieht eine Möglichkeit, sich eine kostengünstige Sekretärin für niedere Schreibarbeiten heranzuziehen. Dass sie sich, wie er später verrät, zudem auf „die Geheimnisse des Frauenkörpers und die Macht der weiblichen Reize" versteht, ist zunächst, solange diese Mysterien nicht von anderen ergründet werden, ein gern in Kauf genommener Nebeneffekt. Der aufstrebende Autor jedenfalls ist beeindruckt. In einer von bitterem Hass erfüllten Abrechnung mit dieser inzwischen von ihm geschiedenen ersten Frau, klagt er 1907: „Eine schlau berechnende, außerordentlich berechnende Courtisane hatte mich gefangen!"

Weihnachten 1876 kommt Emma ihrem Ziel und Karl deutlich näher, und schon bald lebt man in handfester wilder

Ehe. May holt sie gegen den Widerstand des Großvaters nach Dresden. Dort arrangiert er, was wohl so ähnlich Winnetous Schwester Nscho-tschi in der anvisierten Zivilisation geblüht hätte. Um sich für das Leben an der Seite eines Old Shatterhand hauswirtschaftlich und kulturell zu konditionieren, hatte sie sich in „Winnetou I" in Begleitung von Vater und Bruder auf den Weg in die großen Städte der Bleichgesichter gemacht. Unterwegs traf sie die tödliche Kugel. Karl May bringt seine Zukünftige bei „einer Pfarrerswitwe, die zwei erwachsene, hochgebildete Töchter besaß", unter. „Durch den Umgang mit den Damen wurde es ihr möglich, sich Alles, was sie noch nicht besaß, spielend anzueignen. Von da aus bekam sie Gelegenheit, eine selbstständige Wirtschaft führen zu können." Auf dem Höhepunkt der Shatterhand-Legende, vor deren Hintergrund er sich öffentlich mit dieser Figur identifiziert, unterzeichnen May und seine Frau Emma 1897 sogar ein Telegramm mit „Old Shatterhand und Nscho-tschi II".

Eine rehäugige, „rassige" Schönheit, die sich den Wünschen ihres Herrn und Meisters gehorsam fügt, war das zeitgemäße Wunschbild des Kleinbürgers Karl May. Klaffen dann Ideal und Wirklichkeit auseinander, kommt es zwangsläufig zur Katastrophe. Als Emma May die Kartengrüße an einen vermeintlichen Liebhaber 1897 orthographisch falsch mit „Nscho-Nschi" unterschreibt, erbost ihren Mann dieses Sakrileg fast mehr als der – wahrscheinlich gar nicht stattgefundene – Ehebruch. Doch im Unterschied zur schönsten Tochter der Apatschen findet sich für Emma kein weißer Schurke, der die vorhersehbare Katastrophe eines ehelichen Lebens an der Seite ihres Superhelden verhindert. Um den dünnen Firnis bürgerlicher Reputanz zu wahren, gibt man Emma bald als

„Frau May" aus. Das Ganze verläuft nicht ohne Höhen und Tiefen. Man trennt sich zeitweise und kann doch nicht voneinander lassen.

In seiner für den Privatgebrauch handschriftlich verfassten Schmähschrift „Frau Pollmer. Eine psychologische Studie" beklagt sich May 1907 im Nachhinein: „Was ich ihr [...] bot, genügt nicht: stille, ruhige Spaziergänge des Tages oder des Abends eine Unterhaltung bei ihrem Großvater." Nun gehören ruhige Spaziergänge und Gespräche mit Opa bis heute nicht zu den favorisierten Freizeitbeschäftigungen Zweiundzwanzigjähriger. Bedenkenswerter scheint ein anderer Vorwurf: „Sie fuhr nach Chemnitz zum Tanz, sogar auf die Dörfer bei Chemnitz, und hatte dort zwei Geliebte zur gleichen Zeit, einen Bahnbeamten und einen Viehhändler. Hierzu kam ein dritter, ein Kaufmann in Hohnstein, mit dem sie des Abends spazieren und dann nach seiner Junggesellenwohnung ging." Im April 1879 zieht der von Emmas Kapriolen enttäuschte May zurück in den elterlichen Haushalt nach Ernstthal. Dass Emma nicht die „ideale Schriftstellerfrau" seiner Wunschphantasien war, dürfte ihm schon vor der Hochzeit klar geworden sein. Doch „sie hatte mich nicht nur durch ihre Schönheit, sondern auch durch ihre hypnotische Kraft gefangen genommen".

Am 17. August 1880 hat Emma es allen Widerständen zum Trotz dann dennoch geschafft. Der achtunddreißigjährige Karl May ehelicht die fünfzehn Jahre jüngere Emma Lina Pollmer. Angeblich hat er sie damals „aus Mitleid, Gerechtigkeitsgefühl und in der Hoffnung, dass ich mit ihr glücklich werden würde, geheiratet. Diese Hoffnung ging jedoch nicht in Erfüllung. Es zeigte sich sehr bald, dass sie mich nur geheiratet hatte, um in den Besitz von Geld zu kommen und um ihren Vergnügen nachgehen zu können." Die lebenslustige, anspruchsvolle Emma äußert materielle Wünsche, die May in den ersten Ehejahren durch rastlose Schreibtischfron zu erfüllen sucht. Der Zugang zu den geistigen Welten ihres Mannes bleibt Emma zeitlebens verschlossen. Ihre innere Leere sucht die bald frustrierte, später chronisch kranke Frau durch Konsum, Kaffeeklatsch und Affären mit immer jünger werdenden Liebhabern auszufüllen. Ihr Mann, der das alles zunehmend resignierend registriert, zieht sich in maskuline Traumwelten zurück, in denen das andere Geschlecht vor allem die Statistenrollen ausfüllt. Um die Jahrhundertwende liegt die Ehe in Scherben. Im Januar 1903 wird die nur noch auf dem Papier existierende Gemeinschaft durch Scheidung beendet. Da hatte May schon längst die nach seinen Vorstellungen ideale Künstlerfrau gefunden. Klara May wird das, was Cosima nach der Trennung von dessen erster Frau Minna für den Komponisten Richard Wagner war.

Im Vergleich weist die zwischenmenschliche Konstellation der Ehen der beiden berühmten Sachsen erstaunliche Parallelen auf. Während sich die Männer an monomanen „Gesamtkunstwerken" wie dem „Ring des Nibelungen" oder eines in sich geschlossenen Abenteuerkosmos berauschen, halten ihnen die Frauen den Rücken von Belanglosigkeiten wie dem Alltag frei und stehen gleichzeitig als preiswerte Geliebte, Sekretärin, Putzfrau und Köchin zur Verfügung. Auf dem Gipfel des Ruhms angelangt, nun jenseits materieller Sorgen, benötigen die Genies diese gewöhnlichen Wesen nicht mehr. Jetzt müssen hochgeistige Mehrerinnen des Nachruhms her, die den heiligen Gral nach dem irdischen Ableben des Meisters, gleich ob in der „Villa Shatterhand" oder im „Haus Wahnfried", hüten. Nicht zufällig ähnelt der Lebensweg Emma Mays bis in kleinste Details dem von Minna Wagner. Nach schwerer Kindheit wird Emma wahrscheinlich mit sechzehn, Minna sogar ein Jahr früher, unehelich geschwängert. Beide, die allzu früh erblühte „Rose von Ernstthal" – so der Titel von Mays erster Novelle –, und die Schauspielerin, die sich ihrer Durchschnittlichkeit bewusst war, suchen Sicherheit bei ausgesprochen ichbezogenen Künstlerpersönlichkeiten, die laut May entweder „keine" oder laut Wagner „eine im ganzen bittere Jugend" hinter sich haben und beiden Frauen zunächst sexuell verfallen. Obwohl dieser Rausch bald verfliegt, bleiben die Partner in einer Art Notgemeinschaft auch danach Jahrzehnte unglücklich und selbstquälerisch zusammen. Im Unterschied zu Karl May vergisst Richard Wagner allerdings nie, welche Opfer Minna ihm gebracht hatte, und war ihr auch nach der Trennung, die sie nicht lange überlebte, in Dankbarkeit verbunden.

Zwischen Kolportage
und Reiseroman
1879–1898

Eine Abenteuerwelt entsteht

Um den neugegründeten Hausstand zu versorgen, sucht May nach immer neuen Verdienstmöglichkeiten. Schon bald nach seiner Häftlingszeit bemüht er sich nicht nur um einträgliche Aufträge in der Kolportage wie bei Münchmeyer, sondern auch um seriöse Publikationsmöglichkeiten. 1879 erscheinen seine ersten Bücher: Der Stuttgarter Verlag von Franz Neugebauer legt „Im fernen Westen" und eine umfassende Bearbeitung von Gabriel Ferrys 1850 erschienenem Roman „Der Waldläufer" vor. Bildet „Im fernen Westen" wie bereits erwähnt später die Textgrundlage der abschließenden Kapitel von „Winnetou II", so erfolgt im „Waldläufer" die entscheidende Vorprägung des edlen Apatschen. Erstmals verlagert sich die Handlung von Mays Wildwest-Geschichten aus den Prärien und Felsengebirgen von Wyoming, Montana oder Utah mit Sioux oder Crows in das nach dem dort dominierenden Indianerstamm „Apacheria" genannte Territorium von Texas, Arizona und Nordmexiko. Die Elemente für Mays Winnetou-Welt waren nun zusammen. Im Titelhelden und dem Komantschen Falkenauge, dem May sogar eine Silberbüchse verleiht, sind die Grundzüge Old Firehands bzw. Winnetous erkennbar. In der Tradition Coopers mit seinen tapferen Mohikanern und schurkischen Mingos erfolgt die Teilung in „gute" und „böse" Stämme. May übernimmt aus der Vorlage Ferrys für die Umarbeitung von dessen Roman 1879 die dem

Handlungsort Nordmexiko angepasste Einteilung in räuberische Apatschen und treue Komantschen. Für seine „Winnetou"-Welt, deren Fundament er damit gelegt hat, vertauscht er dann einfach diese Rollen.

Eine Zäsur im Leben des nunmehr Siebendreißigjährigen bahnt sich an, als im März 1879 seine im Western-Falschspielermilieu angesiedelte „Three carde monte"-Geschichte in der katholischen Familienzeitschrift „Deutscher Hausschatz in Wort und Bild" erscheint. Empor ins Reich der ganz großen Abenteuerliteratur brachten ihn schließlich keine relativ kurzen Geschichten, sondern gewaltige Epen um seine deutschen Supermänner Old Shatterhand im Wilden Westen und Kara Ben Nemsi im Orient. Die meisten der heute so berühmten Romane um Winnetou, Hadschi Halef & Co. erscheinen zunächst im Zeitschriftenvorabdruck in zwei im Vergleich mit den Münchmeyer- oder Radelli-Produkten seriösen Publikationsorganen. Im erwähnten Regensburger „Deutschen Hausschatz in Wort und Bild" werden die bis 1897 und später nochmals 1907/08 in der Ich-Form verfassten Erzählungen wie „Old Surehand" publiziert. Die ausdrücklich für die Jugend in der dritten Person verfassten Abenteuererzählungen wie „Der Schatz im Silbersee" offeriert vor der Buchveröffentlichung die Zeitschrift „Der gute Kamerad" einem maysüchtigen, zumeist männlich-gymnasialen, Publikum.

In der Zeit der Suche Mays nach neuen Absatzmöglichkeiten für seine Geschichten leidet Deutschland 1879 immer noch unter den Nachwehen des ein Jahr zuvor beigelegten „Kulturkampfes" um den Einfluss des Katholizismus auf Politik und Öffentlichkeit des mehrheitlich protestantischen neuen Kaiserreichs. Der katholische Regensburger

„Hausschatz"-Verleger Kommerzienrat Friedrich Pustet sucht in dieser Zeit händeringend nach Stoffen, mit denen er der übermächtigen Konkurrenz der evangelisch dominierten Familienzeitschrift „Die Gartenlaube" mit Starautoren wie Eugenie Marlitt oder Friedrich Gerstäcker Paroli bieten kann. Karl May ist die richtige Wahl.

Verleger Pustet und der „Hausschatz"-Redakteur Venanz Müller sind von ihrem neuen Autor von Anfang an begeistert. Im Juni und Juli 1879 erscheint in Fortsetzungen „Unter Würgern. Abenteuer aus der Sahara". Es ist die umgearbeitete Fassung des zwei Jahre früher in Radellis Zeitschrift „Frohe Stunden" erschienenen Wüstenabenteuers „Die Gum", das sich heute im Band „Orangen und Datteln" findet. Und wenn es May rückblickend auch noch so oft betonen wird – was er nun schreibt sind keine Stufen ins Reich der Edelmenschen, sondern in die Ruhmeshallen seiner Superhelden. Benutzt der bis dato anonyme Ich-Erzähler in der ursprünglichen Fassung „Die Gum" zum ersten Mal Bärentöter und Henrystutzen, so schickt er mit diesen Wundergewehren in „Unter Würgern" selbige Ganoven nun erstmals auch als Old Shatterhand in die Dschehenna. Angeblich hatte ihm sein Reisegefährte Emery Bothwell während gemeinsamer Abenteuer in Nordamerika diesen Namen verliehen.

Geheimrat Pustet und Redakteur Müller wollen aufgrund begeisterter Leserreaktionen den Fisch nun endgültig nicht mehr von der Angel lassen. Sie unterbreiten ihm ein verlockendes Angebot. Am 14.10.1879 bietet man ihm die ungesehene Abnahme aller Manuskripte an. Redakteur Venanz Müller ist sich der Unbedenklichkeit der Inhalte ohnehin sicher, denn der Autor wisse ja, „welch' streng moralischer Tendenz der ‚Hausschatz' huldigt".

Was der gutmütige Mann allerdings nicht ahnt, ist, dass es der Autor mit der bürgerlichen Moral gerade mal wieder nicht so genau genommen hat. Denn erst wenige Wochen vor der vertrauensvollen Verlagsofferte hat May eine nochmalige, letzte Haftstrafe verbüßt. Vom 1. bis 22. September 1879 saß er wegen „unbefugter Ausübung eines öffentlichen Amtes" im Gefängnis des Gerichtsamtes in Hohenstein, unweit des heutigen „Karl-May-Hauses", ein. Die sogenannte „Affaire Stollberg" – sie ereignete sich im sächsischen Niederwürschnitz bei Stollberg – ist ein weiterer Beleg dafür, wie schwer es dem Autor zeitlebens fiel, Realität und Werk auseinanderzuhalten. Der einzige Sohn von Emmas Großvater, also ihr Onkel, war am 28. Januar 1878 nach einer Wirtshausschlägerei sturzbetrunken unter ein Fuhrwerk geraten und an den Folgen des Unfalls gestorben. Da Gerüchte kursieren, Zechkumpane hätten den stadtbekannten Taugenichts – „er verjubelte Alles mit lüsternen Dirnen" – erschlagen, bittet der alte Pollmer Karl May, den wahren Sachverhalt zu ergründen.

May arbeitet gerade am schon erwähnten Roman „Auf der See gefangen". Darin hilft Detektiv Treskow, der an der Nichte des Fürsten Otto Victor von Schönberg-Wildenauen interessiert ist, die durch falsche Mordvorwürfe gegenüber dessen Sohn Max angekratzte Familienehre wiederherzustellen. May will zu diesem Zeitpunkt Emma, die Enkelin des darob nicht begeisterten Opas, heimführen. So ergreift der Schriftsteller die Gelegenheit, sich beim zukünftigen Schwiegergroßvater ins rechte Licht zu setzten und ermittelt wie seine Romanfigur vor Ort. Da er behauptet „von der Regierung eingesetzt und etwas höheres, wie der Staatsanwalt" zu sein, handelt er sich eine Anzeige wegen Amtsanmaßung ein.

Darin denunziert man May zudem erstmals als „Socialde-mokrat durch und durch", der „gegenwärtig Schriftsteller der socialdemokratischen Presse" sei. Dieser Vorwurf konnte in den Jahrzehnten der eben in Kraft getretenen Bismarckschen Sozialistengesetze ähnlich existenzbedrohende Folgen wie heute der öffentlich geäußerte Verdacht der Al-Qaida-Mit-gliedschaft haben. Untertaneneifrig verschreckt beeilt sich May, in seiner Verteidigungsschrift diesen Makel von der an-gestrebten bürgerlich-weißen Weste, nach Jahren im Häft-lingskittel, zu putzen. Mit Vehemenz weist er seine „Einrei-hung unter die unverbesserlichen Weltverbesserer" zurück und erklärt: „Ich habe nie eine sozialistische Versammlung besucht und nie ein Wort zu Gunsten des Demokratismus ge-sprochen oder geschrieben. Ich kann aus meinen wissenschaft-lichen und belletristischen Werken den Beweis ziehen, dass ich auf dem festen Boden des göttlichen und staatlichen Geset-zes stehe." Dem Schreiben legt er eine Ausgabe der Zeitschrift „Der Kamerad" vom 24. April 1875 mit seinem schwanzwe-delnden Huldigungsgedicht „Rückblicke eines Veteranen am Geburtstage Sr. Majestät des Königs Albert von Sachsen" bei. Aufgrund völliger Haltlosigkeit des Vorwurfs – die Obrigkeit erkennt schnell, mit wem man es da zu tun hat – wird der Verdacht politischer Unbotmäßigkeit fallengelassen. Als Jahr-zehnte später sein Hauptgegner Lebius ihn immer wieder de-nunzierend als „Genosse May" betitelt, legt die politische Poli-zei eine Akte über ihn an, was aber folgenlos bleibt.

Doch der – bereits nach damaliger Justizlage unrechtmäßi-gen – Verurteilung entgeht er trotzdem nicht. May verbringt die ersten drei Septemberwochen des Jahres 1879 hinter Git-tern. Im Vergleich zu seinen früheren Haftstrafen geht es im Hohensteiner Gefängnis recht komfortabel zu. So erinnert die überlieferte Speisekarte eher an deftige Kantinenkost aktuellen Zuschnitts denn an Wasser und Brot. Am zweiten September gibt es „Kartoffelmus. Bratwurst. Butter" oder zwei Tage darauf „Kartoffelsalat + Beefsteak". Dem so bei Kräften und Laune – sogar Emma kann ihn besuchen – Gehaltenen ist klar, dass sein gerade gewonnener Stammverlag um den strengkatholischen Geheimrat Pustet nichts von dieser Haftstrafe erfahren darf. Auf besorgte Anfragen des „Hausschatz"-Redakteurs ob des wochenlangen Schweigens reagiert May mit einem Verweis auf angebliche gesundheitliche Probleme. Bald werden Redaktion wie Autor bei ähnlichen Gelegenheiten auf unaufschiebbare Blitzbesuche bei seinen Haddedin, den Apatschen oder alte, eben wieder aufgebrochene Kampfeswunden verweisen und damit die Shatterhand-Legenden-Lawine ins unaufhaltsame Rollen bringen. Den Anfang machte die „Hausschatz"-Redaktion, der die „streng moralischen Grundsätze" im Interesse der Profitmaximierung auch mal ein wenig abhanden kommen, schon im Mai 1880. Auf eine Leseranfrage zu ihrem beliebten Autor behauptet man, dass er „alle jene Länder bereist hat, welche den Schauplatz der Abenteuer bilden. […] Gegenwärtig reist er in Russland und beabsichtigt, bald wieder einen Abstecher ins Zululand zu machen".

Autor und Verleger ahnen bereits, dass man an der Schwelle zu einem in der deutschen Literaturgeschichte einmaligem Phänomen steht. In den Erinnerungen an den Starautor seines Vaters schreibt Friedrich Pustet jun. 1939: „Jedenfalls hat auch Karl May erkannt, dass er erst durch unseren Hausschatz in weiteste Kreise gedrungen ist und er unserer Familienzeitschrift seine große Popularität verdankt. Die Spannung wuchs dann auch von Heft zu Heft und wir dürfen die für damalige

Karl May als Kara Ben Nemsi, Aufnahme von 1896

Verhältnisse immerhin hohe Auflage von 30–40 000 Abonnenten wohl zum großen Teil auf unseren Mitarbeiter Karl May zurückführen."

Rückkehr zu Münchmeyer: Seifenoper, Historienepos und Politthriller

Doch von den „Hausschatz"-Erzählungen bis zu deren Nachdruck in den berühmten „Grünen Bänden" ist es noch ein langer Weg. Immer wieder müssen in den Achtzigerjahren die auf die Fortsetzung diverser Wüsten- und Prärieabenteuer harrenden Abonnenten vertröstet werden. Der Grund liegt nicht in exotischen Gefilden und Gefahren, sondern auf Mays Schreibtisch. Dort stapelten sich die Manuskriptseiten von ganz unterschiedlichen Projekten und Textsorten. Da sind einmal die in der Ich-Form verfassten Kara-Ben-Nemsi-Geschichten im „Deutschen Hausschatz" und die in der dritten Person geschriebenen Jugenderzählungen für den „Guten Kameraden". Doch die dafür zwar regelmäßig, aber durchaus nicht üppig eingehenden Honorare reichen bei Weitem nicht aus, den Lebensunterhalt des Autors und seiner ohnehin anspruchsvollen jungen Frau zu bestreiten. So gesellen sich nun Manuskripte tausendseitiger Kolportageschinken zu den Beiträgen für die beiden seriösen Blätter.

Karl May vollbringt in den Achtzigerjahren eine kaum vorstellbare Leistung: Den quantitativ größten Anteil nehmen mit weit über 20 000 Buchseiten fünf umfangreiche Kolportageromane ein. Parallel verfasst er den über dreieinhalbtausendseitigen Orient-Zyklus von „Durch die Wüste" bis „Der Schut" für den „Deutschen Hausschatz". Im „Guten Kameraden" erscheinen zwischen 1887 und 1889 die später insgesamt etwa 1200 Buchseiten umfassenden Erzählungen „Der

Sohn des Bärenjägers", „Der Geist des Llano Estacado" und „Kong-Kheou, das Ehrenwort".

Niemand, auch nicht ein monomanisches Genie wie Karl May, tut sich so etwas freiwillig an. Er beugt sich äußeren Zwängen. Das Tag und Nacht – der Autor brauchte nie viel Schlaf – erschriebene Einkommen reicht in den späten Siebziger- und frühen Achtzigerjahren längst nicht mehr aus, die vielfältigen und stets steigenden Bedürfnisse Emmas zu befriedigen. Es entwickelte sich ein bis zur Trennung funktionierender ehelicher Teufelskreis: Da sich seine Frau mit May, der für seine Arbeit lebt, langweilt, sieht sie sich nach gesellschaftlicher Zerstreuung um, die sie in diversen „Kränzchen" findet. Die Bewirtung einer permanent anwesenden Schar von Kaffeetanten, die der von solchen „Klatschbasen" entnervte May liebevoll mit „Puten" oder „Karnickel" tituliert, erfordert wiederum mehr Geld, sodass der Gatte noch weniger Zeit für den Erhalt des Eheglücks findet. Die Arbeit als freier Autor hatte er sich wohl einträglicher und leichter vorgestellt. Mays Jahresgehalt liegt 1881 mit etwa 1500 Mark weit unter dem Redakteursgehalt bei Münchmeyer und entspricht dem eines unqualifizierten Arbeiters. Das Ehepaar hatte sich in einer kleinen Wohnung in Ernstthal, wohin May nach Ende der Redakteurstätigkeit zurückgezogen war, einquartiert. Der Traum vom Umzug ins weltstädtische Dresden war mit Mays schmalem Einkommen nicht zu verwirklichen.

Da erweist sich eine Begegnung mit seinem alten Arbeitgeber Münchmeyer als willkommener Ausweg aus der finanziellen Misere. Die Mays waren auf Emmas Initiative im Spätherbst 1882 für eine Woche nach Dresden gereist. Die junge Frau zeigt sich nach den vielen Storys über die turbulenten Verhältnisse im Hause Münchmeyers begierig, dessen Revier als „alter, erfahrener Frauen- und Mädchenjäger" zu besichtigen. So führt May sie in dessen Stammkneipe, das „Rengersche Gartenrestaurant": Und wie zufällig treffen sie dort auf Mays alten Prinzipal, der ihnen sein Leid klagt. Seit dem Weggang seines fähigsten Redakteurs – damit meint er natürlich May – sei es mit seinem Verlag abwärts gegangen. Nur ein paukenschlagartiger Erfolg könne ihn noch vor dem drohenden Ruin bewahren.

Lange Zeit glaubte ihm auch die Karl-May-Forschung diese Geschichte. Nur: Sie ist genauso wenig wahr wie das Treffen zufällig. Denn das Geschäft mit seelischer Erbauung und Fleischeslust boomt wie nie zuvor. Just in diesen Tagen eröffnete Münchmeyer eine Dependance in Hamburg, und eifrige Kolporteure vertreiben seine Lieferungshefte sogar unter der großen deutschsprachigen Gemeinde in den Ballungszentren der USA. Doch damals wie heute wachsen die Publikumsansprüche, immer neue, extremere Nervenkitzel müssen her. Und dafür ist ein besessener Routinier wie May, ein Dieter Bohlen für triviale Textmassen, genau der Richtige. Wahrscheinlich wurde das Treffen von Emma May, die an neuen Einkommensquellen interessiert war, arrangiert. Und so kommt es, wie es kommen musste. Karl May erklärt sich bereit, einen Roman in hundert Lieferungsheften – später werden es 109 – mit 24 Seiten, der in einer Auflage von 20 000 Exemplaren erscheinen soll, zu verfassen. Als Honorar winken 3500 Reichsmark pro Jahrgang, was immerhin mehr als das doppelte Jahreseinkommen jener Zeit bedeutet. Im Vergleich zu Münchmeyers am Ende mit Mays Werk erwirtschafteten über fünf Millionen Mark bleiben damit allerdings für den eigentlichen Spender dieses goldenen Regens nicht einmal ein Prozent vom Profit.

„Dr. Sternau in den OP!" – die Welt als Emergency-Room
Das nun in Angriff genommene Produkt mit dem von Münchmeyer favorisierten nichtssagenden Titel „Das Waldröschen"
wird der erfolgreichste Kolportageroman seiner Zeit. Selbst in
den zwischen 1924 und 1926 gekürzten und bearbeiteten
Ausgaben des Karl-May-Verlages fasziniert er bis heute den
Leser. Versprechen doch schon deren Titel exotische Spezialitäten samt saftigen Bildungskanapees für den vom schlechten
Gewissen ob solcher Lektüre geplagten Leser: „Schloß Rodriganda", „Vom Rhein zur Mapimi" – seit 1940 heißt der Roman
„Die Pyramide des Sonnengottes" –, „Benito Juarez", „Trapper
Geierschnabel" und „Der sterbende Kaiser". Der Titel des Ab-
schlussbandes appellierte geschickt an das Geschichtswissen
des Konsumenten. Denn im Zusammenhang mit „Benito Juarez" konnte damit nur der unglückliche Erzherzog Maximilian
von Habsburg gemeint sein, der am 19. Juni 1867 völlig unstandesgemäß vor einer mexikanischen Mauer endete. Als
Fingerzeig auf den realhistorischen Hintergrund orientierte
sich der schwedische Maler Paul Lindeberg bei dem Titelbild
des Romans an Manets „Erschießung Kaiser Maximilians von
Mexiko". Der trug, inthronisiert von Napoleon III. und ge-
stützt auf dessen französische Bajonette, die Kaiserkrone zwischen 1864 bis zum besagten gewaltsamen Tod.

Wesentlich populärer als der weltfremde Imperator war
beim mexikanischen Volk und beim mächtigen nördlichen
Nachbarn USA dessen politischer Gegenspieler Benito Juarez.
Dem ersten indianischen Präsidenten und seiner Sache gehört auch die Sympathie Karl Mays. „Der Zapoteke", wie ihn
Gegner und Bewunderer ob seiner ethnischen Herkunft
nannten, setzte sich mit seinen Landreformen vor allem für
die entrechteten Indios ein. Leider zerfiel sein Werk nach sei-

nem Tod 1872 schnell, sodass Mexiko ein so schon von May beschriebenes Land schärfster sozialer Gegensätze und Spannungen blieb. Teile des Landes werden von Drogenkartellen beherrscht. Die Millionenstadt an der US-Grenze, die seit 1888 Juarez' Namen trägt, hält mit über 3000 Morden im Jahr 2010 einen traurigen Weltrekord. Blutige Auseinandersetzungen zwischen Sicherheitskräften und vor allem indianischen Demonstranten in Juarez' Heimatprovinz Oaxaca sorgten 2006 für weltweite Aufmerksamkeit und demonstrieren einmal mehr die Aktualität Mayscher Aufrufe gegen ethnische Diskriminierung. Allerdings waren historische Darstellungen oder die Anprangerung sozialer Missstände für den Autor selbst nur dramaturgisches Mittel und ein gern in Kauf genommener positiver Nebeneffekt.

Im Zentrum seines Interesses steht der Anspruch, in kürzester Zeit möglichst viele Seiten mit immer spektakuläreren Abenteuern zu füllen.

Schon aufgrund solcher Zeilenschinderei kann das „Waldröschen" aus literarästhetischer Perspektive den Vergleich mit gleichzeitig entstehenden Meisterwerken wie „Durch die Wüste" nicht standhalten. Seine Qualitäten liegen auf anderen Gebieten. Es ist der aus heutiger Sicht wahrscheinlich modernste Text des kleinen Sachsen.

Allerdings vermag das „Waldröschen" nur in seiner ursprünglichen Form seine ungebrochene Wirkung zu entfalten. Schnell erweist es sich als durchaus geeignete Lektüre für das Publikum des globalen Internet- und Google-Zeitalters. Über achtzig handelnde Figuren provozieren unzählige historische, alltagskulturelle, geographische oder ethnographische Querverweise. Die Akteure tummeln sich auf zahlreichen Haupt- und Nebenschauplätzen rund um den Erdball. May schafft damit ein ideenüberbordendes Vexierspiel. Der Kultroman der Hippie-Ära, Robert Sheas und Robert A. Wilsons „Illuminatus!", Garth Ennis Science-Fiction-Epos „GAS. Die Chronik der Stadtwerke" oder Umberto Ecos „Das Focaultsche Pendel" werden erst in der zweiten Hälfte des 20. Jahrhunderts wieder vergleichbar bizarre Kost präsentieren. Auf die unüberschaubaren Deutungsebenen des scheinbar profanen Werkes verweist schon der komplette Titel: „Das Waldröschen oder die Verfolgung rund um die Erde. Großer Enthüllungsroman über die Geheimnisse der menschlichen Gesellschaft von Captain Ramon Diaz de la Escosa". May hatte sich bei Verleger Münchmeyer ein Pseudonym ausgebeten, um seinen Ruf als seriöser Autor, den er sich zeitgleich mit seinen Abenteuerromanen bei seriösen Blättern erwerben will, nicht zu ruinieren – eine aus heutiger Perspektive überflüssige Vorsicht, die schon damals nicht den erwünschten Effekt zeigt. Für den multimedial verwöhnten Leser verbirgt sich bereits in dem so exotisch anmutenden Namen des angeblichen Autors ein Teil des Erfolges. Nicht zuletzt handelt es sich um eine inhaltliches Niveau verheißende Authentizitätsbekundung. Denn für das so exotisch klingende Pseudonym gab es ein reales Vorbild. Don Patricio de la Escosura, ein auch in Deutschland populärer zeitgenössischer spanischer Politiker, war von 1872 bis 1874 spanischer Botschafter in Berlin.

Selbstverständlich hat der hochrangige Diplomat nie etwas von dem sächsischen Fabulierer gehört oder gelesen. Alles, was der über die mexikanischen Wirren zwischen 1864 und 1867, den zentralen Topos des Riesenwerkes, wissen muss, holt er sich aus Berichten der Familienzeitschrift „Die Gartenlaube" oder Johannes Scherrs Geschichtswerk „Das Trauerspiel in Mexiko" von 1868. Unter Berufung auf einen „unserer neueren bedeutendsten Geschichtsschreiber" zitiert er der Einfachheit halber ganze Textpassagen aus dessen Werk. Doch im Unterschied zu anderen Trivialproduzenten historischer Romane informierte er sich nicht nur zum engeren Thema. Ganz besonders hat es dem verhinderten Arzt Karl May wieder einmal die Medizin angetan. Die zentrale Figur des Romans, sein über 2000 Seiten unbestrittener Star, ist dann auch ein Arzt namens Sternau. Neben dessen übernatürlichem Glanz verblassen selbst Halbgötter in Weiß solch legendärer Serien wie „Emergency Room" – von den Professor Brinkmanns & Co. deutscher Provenienz in ihren biederen „Schwarzwald-" oder „Sachsenkliniken" ganz zu schweigen. In deren Händen liegen die Herzen von Patienten aus Chicago, Tübingen oder Leipzig, in den Prä-„Schmetterhänden" eines Doktor Sternau das Schicksal der Völker und Kontinente. Der Roman zeigt eine globale Notaufnahme zwischen Somalia, Spanien, dem Rheinland, den Osterinseln oder Mexiko, in der Doktor Sternau mit einer Horde skurriler Assistenzärzte wie Trapper Geierschnabel die Leiden der Welt bekämpft. Allein die zahlreichen exotischen historischen Schauplätze und realen Persönlichkeiten wie Bismarck, Benito Juarez oder sein Gegenspieler Kaiser Maximilian laden zum Googeln ein; eine digitalisierte Neuauflage des „Waldröschens" könnte alles mit allem verlinken.

Erstaunlich ist der Genremix des Ganzen. Neben Versatzstücken des Arztromans bedient sich May Stilelementen des Historienepos, der adligen Familientragödie, des Krimis, des Piratenabenteuers, der großen Romanze sowie des Verschwörungs- und Politthrillers. Als Spannungsbogen dient ähnlich wie bei Indiana Jones die Jagd nach indianischen Artefakten, dem Schatz der Mixtecas. „Waldröschen" ist auch eine dynastische Saga, die allerdings eher an deutschen Seifenopern wie „Verbotene Liebe" denn an glamourösen US-Produkten wie „Dallas" erinnert. Mays Kolportageromane lesen sich wie Drehbücher jener Endlossoaps. Wie in den Nachmittags- und Vorabendserien spielt das Belauschen des Gegners hinter angelehnten Türen, Vorhängen oder Fenstern eine entscheidende Rolle. Da May Zeilenhonorar bekommt, bemüht er sich um die Auswalzung banalster Dialoge. So füllt das Verkünden einfachster Entscheidungen, z. B. ein Zimmer zu verlassen, mit Rede und Gegenrede schnell eine halbe Seite.

Es gehört zum Wesen der Kolportage, alles nach außen zu tragen, für innere Konflikte bieten die schablonenhaften Figuren keine Dimension. Wie an Marionettenfäden stolzieren die mit jedem denkbaren Klischee üppig ausgestatten Kostümpuppen durch die Handlung. Ein Beispiel ist die im Original wesentlich längere Einführung der Geliebten Sternaus, der Contezza Rosa de Rodriganda: „Die Züge dieses unvergleichlich schönen Wesens waren weder mit dem Pinsel, noch mit Worten zu beschreiben. In ihnen sprach sich die unentweihte Unschuld des Kindes ebenso, wie das ungestillte Sehnen der reifen Jungfrau aus; in ihnen vereinigte sich die reine Unberührtheit einer Rafael'schen Madonna mit der verheißungsvollen Gluth eines Frauenkopfes von Correggio, und wer in die großen, von dunklen Wimpern beschatteten Augen blickte, welche in einem vollen, tiefen Blau erglänzten, der mußte aus dem frappanten Kontraste dieses Blaues mit der Rabenschwärze des Haares ahnen, daß diese hinreißende Schönheit aus einer innigen Vermählung des maurischen Blutes mit dem westgothischen entstanden." Es ist ausgeprägtester Kitsch, der der Phantasie des Lesers keinerlei Spielraum lässt.

Auf dem Weg zum Happy-End lauern zahllose Intrigen und grausige Verbrechen. Kinder werden bei Geburt vertauscht und geraubt, tatsächliche oder vermeintliche Leichen ein- und wieder ausgepackt, es wird vergiftet, geschändet, betäubt, ent- bzw. verführt, geschmuggelt, gefoltert, verleumdet, gelogen und gemordet. Die beliebten Abstrafungen mittels Alligatoren haben RTL-Dschungel-Camp-Qualitäten. Die zunächst Niedrigen, doch Gerechten, steigen, und viele hohe Schurken fallen. Denn nicht Hedwig Courths-Mahler hat das Märchen vom Aschenputtel für den deutschen Massenroman kompatibel gemacht. Das konnte Jahrzehnte früher schon ein Karl May mit seinem „Waldröschen". Die Einkünfte aus dem Riesenwerk erlauben es dem Ehepaar May, Anfang April 1883 endlich nach Dresden umzuziehen. Im Vorort Blasewitz mieten sie eine Villenetage an.

Im September 1883, wenige Monate nach dem Einzug ins neue Heim, erscheint die erste Folge des neuen Münchmeyer-Werkes „Die Liebe des Ulanen". Im Unterschied zu den anderen in Heftform vertriebenen Kolportageschinken wird die aktuelle Kreation bis zum Juni 1885 in der in seinem Verlag erscheinenden Zeitschrift „Deutscher Wanderer. Illustrierte Unterhaltungs-Bibliothek für Familien aller Stände" abgedruckt. Dass dort – anders als bei den restlichen Kolportageromanen – der Autorenname erscheint, wird bei späteren Prozessen gegen die Witwe Münchmeyers und anderer May-Feinde noch Bedeutung erlangen. Der Untertitel „Original-Roman aus der Zeit des deutsch-französischen Krieges" untertreibt die zeitliche Dimension sogar, denn eigentlich verfolgt das mit am Ende 2523 Seiten wieder sehr umfängliche Werk das Schicksal der preußischen Familie von Königsau über drei Generationen zwischen 1814 und 1871. Die weitverzweigte Handlung umfasst somit die Epoche zwischen Bonapartes letztem verzweifeltem Aufbäumen und dem verlorenen Krieg seines Neffen. So bewähren sich der Husarenleutnant Hugo von Königsau bei Waterloo und Jahrzehnte später sein Enkel später bei Sedan. Geschickt verknüpft May auch hier Authentizität mit Fiktion. Angeblich verliebte Napoleon sich einstmals in die Großmutter des jugendlichen Titelhelden, und Feldmarschall Blücher ist der Freund und Gönner seines Opas sowie Taufpate des Vaters. Im zeitgenössischen Kontext betrachtet, ist besonders bemerkenswert, dass sich May zu keinerlei Chauvinismen verleiten lässt. Im Gegenteil: Er propagiert Völkerversöhnung durch grenzüberschreitende deutsch-französische Eheschließungen.

Vor diesen Happy-Ends gibt es die üblichen dramatischen Verwicklungen. Sie führen in die Unterwelt von Paris samt ihren Großstadtmohikanern, die Weiten der Sahara mit aufständischen Berbern und brutalen Kolonialtruppen oder in Waldschlösser kriegslüsterner Verschwörer voller düsterer Verliese und Geheimgänge. Neben den urbanen, exotischen und mysteriösen Schauplätzen lebt der Roman vom Schlagabtausch zwischen Spionage und Gegenspionage. Die übersteigerte Komik merkwürdig clownesker Unteragenten erinnert dabei an filmische James-Bond-Parodien der Gegenwart. Da wie stets bei May die Grenzen von Werk und Biographie verschwimmen, findet auch der Dresdner Vorort Blasewitz, wo sich das Ehepaar niedergelassen hat, umgehend Eingang in diese aktuelle, dort entstehende, Produktion.

Denn wo begegnet Manon, eine französische Schönheit, ihrem deutschen Traumprinzen wie zufällig zuerst? Lassen wir sie zu Wort kommen: „Es war in Dresden, und er war Offizier. Ich fuhr nach dem berühmten Blasewitz, welches Schiller durch seine ‚Gustel' verewigt hat." Schiller war der von May am meisten bewunderte Dramatiker. Das ging so weit, dass er in einem Brief an Emma ernsthaft behauptete, mit dessen Geist, der ihm gelegentlich auch die Feder führe, in spiritueller Verbindung zu stehen. Lesebiographisch ist interessant, dass bei vielen Karl-May-Begeisterten des zwanzigsten Jahrhunderts, z.B. bei Reich-Ranicki, auf die Winnetou-Euphorie eine nicht minder intensive Schiller-Phase folgte.

Zum Ärger Mays nimmt sich Verleger Münchmeyer eine Wohnung in unmittelbarer Nähe des neuen Domizils seines Starautors und vergällt ihm durch seine permanente Anwesenheit die Freude am neuen Heim. Karl May zieht die Gesellschaft seines Hundes, einem Rattler namens Cherry, der seines aufdringlichen Verlegers vor. Mit Cherry spaziert er in lauen Sommermonaten zu zwei benachbarten Biergärten am Elbufer. May, zeitlebens ein großer Hundefreund, setzt diesen Tieren mit dem edlen afghanischen Windspiel Dojan der Orientromane oder den Bärenhunden Aacht und Uucht in „Ardistan und Dschinnistan" ein literarisches Denkmal. Lieblingstiere wie Pferde oder Hunde sind bei May menschenähnlich veredelte Ausgaben der Realität. Als Dojan bei der Verteidigung von Mays persischen Freunden in „Von Bagdad nach Stambul" erschossen wird, begräbt ihn Kara Ben Nemsi auf Wunsch Halefs neben den Ermordeten. Der reale Cherry, der nach Genuss verdorbener Wurst ein weniger heroisches Ende findet, wird natürlich trotzdem stilvoll beigesetzt. Nach den Erinnerungen seiner zweiten Frau Klara stand dessen Herrchen „oft sinnend vor dem kleinen Grab, das seinem vierbeinigen Freund inmitten des Gartens errichtet worden war".

Doch die Ausflüge mit dem vierbeinigen Gefährten bringen nur kurzzeitige Entspannung. Zu den störenden Besuchen Münchmeyers in der Blasewitzer Wohnung gesellt sich umgehend eine auf Gegenseitigkeit beruhende Sympathie des Verlegers für Mays lebenslustige Gattin. In der bereits erwähnten, bis 1985 unveröffentlicht gebliebenen „psychologischen Studie" über zweiundzwanzig Jahre angeblicher oder tatsächlicher Ehequal „Frau Pollmer" findet May 1907 dafür deutliche Worte: „Es ist wahrlich kein Spaß, Tag für Tag, Woche für Woche und Monat für Monat nur aufpassen zu müssen, dass der liebestolle Hausfreund Einem nicht über die Frau geräth!" Im Mai 1884 wird May erneut die Wohnung wechseln, um der allzu privaten Nähe seines Verlegers zu fliehen. Sie mieten eine Wohnung in der Dresdner Altstadt.

Sozialkitsch zwischen „Kapital" und „Verbotener Liebe"
Karl May erweist sich als Wunderkind der Kolportage, das zum Dukatenesel für Münchmeyer wird. Das deutsche Publikum ist ähnlich süchtig nach seinen Fortsetzungswerken wie Jahrzehnte früher das französische nach dem zunächst im Fortsetzungsdruck erschienenen „Graf von Monte Christo" von Dumas. Mays vorgeblicher Abneigung gegen diesen Autor hält ihn allerdings nicht davon ab, ein sehr deutsches Pendant zu dessen Roman zu schaffen. Parallel zur „Liebe des Ulanen" beglückt Münchmeyer seine Kunden zwischen Weihnachten 1883 und November 1885 mit „Der verlorene Sohn oder Der Fürst des Elends" in 101 Einzelheften mit insgesamt 2412 Seiten. Es ist ein grandioses Sozialmärchen um den Kampf des deutschen Superhelden Max Brand für Recht und Gesetz. Dem Sohn armer, doch rechtschaffener Eltern wurde als junger Mann schlimmstes Unrecht angetan. Aus der Heimat geflohen, kehrt der inzwischen zu märchenhaftem Reich-

tum Gelangte nach Jahrzehnten zurück, um wie sein französisches Vorbild Monte Christo die wahren Schuldigen zu bestrafen und seinen guten Ruf wiederherzustellen.

„Der verlorene Sohn" ist ein offenkundig biographisches Zeugnis Mays und ein Sittengemälde der Zustände im damaligen Sachsen. Neben „Weihnacht" und dem dritten und vierten Silberlöwenband liegt damit ein früher Schlüsselroman zu May vor. Denn tatsächlich finden alle seine bis dahin durchlittenen Lebensstationen, vier Jahrzehnte Armut, Krankheit, Hunger, Kriminalität, Zuchthaus und Fronschreiberei, in „Der verlorene Sohn" ihre Widerspiegelung. Die Erlebnisse und Leiden sind in dem überdimensionierten Vexierbild auf verschiedene Personen verteilt. Indem Karl May die Ursachen sozialen Elends im schurkischen Individuum erblickt, ist der Roman eine rückwärtsgewandte Kapitalismuskritik. Als Lösung drängender Probleme in Schacht und Hütte wird eine verschwommene Mixtur aus sozialer Marktwirtschaft und utopischer Musterkolonie angeboten, wie sie Frühsozialisten wie Wilhelm Weitling vorschwebte.

Der Roman war aufgrund seiner starken sozialen Komponente politisch gefärbten Interpretationen in zwei aufeinanderfolgenden deutschen Diktaturen ausgesetzt. In den Dreißigerjahren des zwanzigsten Jahrhunderts wird das Riesenwerk vom Karl-May-Verlag unter dem Titel „Das Buschgespenst" bzw. „Der Fremde aus Indien" auf zwei schulranzengerechte Bände von 462 bzw. 468 Seiten zurechtgestutzt. Ende November 1939 erscheint rechtzeitig zum Weihnachtsgeschäft „Der Fremde aus Indien" als Band 65 der „Gesammelten Werke". Der Bearbeiter Otto Eicke, ein überzeugter Nationalsozialist, fügt zahlreiche Antisemitismen ein. In Mays Roman spielt ein jüdischer Hehler namens Salomon Levi eine un-

rühmliche Rolle. Wie bei seinen überdimensionierten Märchen üblich, ereilt ihn wie alle Bösen am Ende seine Strafe. Im
Originaltext wird Levis Schicksal samt Mittäter und Familie
in zwei knappen Zeilen zusammengefasst. Eicke stockt das zu
einer dreiseitigen Abrechnung mit „de(m) Hebräer und seiner
Sippe" auf.

Im Rahmen der „Erbediskussion" entdeckte die DDR in den
Siebzigerjahren des zwanzigsten Jahrhunderts lange ge-
schmähte historische Persönlichkeiten für sich. Gegenüber
Friedrich II., Feldmarschall Blücher oder Bismarck, die man in
diesem Rahmen neu bewertete, hatte der – so der Vorsitzende
des DDR-Schriftstellerverbandes Hermann Kant – „herrliche
sächsische Lügenbold" den unbestreitbaren Vorteil proletari-
scher Herkunft und diverse Erfahrungen mit der „kapitalistischen Klassenjustiz". Deren unheilvolles Wirken fließt dann
auch in die literarische Vorlage der ersten originären May-
Produktion des „Arbeiter- und Bauernstaates" ein. Am zweiten
Weihnachtsfeiertag und am 28. Dezember 1986 zeigte das
DDR-Fernsehen „Das Buschgespenst". Im Westen waren zwei
Projekte zur Verfilmung des Stoffes 1964 bzw. 1984 nie über
die Planungsphase hinausgekommen. Die Version des DDR-
Fernsehens ist die wahrscheinlich sehenswerteste, mit Sicherheit aber neben der in zwei Staffeln produzierten westdeut-
schen Fernsehserie „Kara Ben Nemsi Effendi" von 1973 bzw.
1975 die werkgerechteste mediale Umsetzung eines Karl
May-Textes. Das liegt nicht nur am Originalschauplatz, einem
tief verschneiten Postkartenerzgebirge, sondern vor allem am
Schauspielerensemble mit Stars des „Deutschen Theaters" in
Berlin wie Rolf Ludwig oder Ulrich Mühe. Bereits zwei Jahre
früher, 1984, hatte man in einer ganz großen Hollywood-Pro-
duktion dem „Buschgespenst" Referenz erwiesen – ob sich da

ein Emigrant seiner Jugendlektüre erinnerte, wird wohl ewig
ein Geheimnis bleiben: In „Indiana Jones und der Tempel des
Todes" liefert man sich im Finale eine rasante Verfolgungsjagd
auf Loren durch Bergwerksstollen. Das Vorbild dieses rasan-
ten Showdowns unter Tage findet sich bereits in der unbear-
beiteten literarischen Vorlage. 1986 rumpelt dann die erste
Reihe des DDR-Schauspiels im Grubenhund um ihr Leben.

Herrenchiemsee statt Laramie:
Ludwig II. als Alpen-Shatterhand
Zwischen Herbst 1885 und Herbst 1887 wird von Münchmeyer in 109 wöchentlich erscheinenden Heften der ebenfalls
weit über zweieinhalbtausend Seiten umfassende Roman
„Deutsche Herzen, Deutsche Helden" an seine treuen Kunden
ausgeliefert. Die Handlung, die ihre Protagonisten ähnlich
dem „Waldröschen" in einer Familiengeschichte um den Erdball treibt, stützt sich vor allem auf Mays Lektüre von Arti-
keln in der populären Familienzeitschrift „Die Gartenlaube"
über Ägypten und Tunesien. Gibt er im „Ulanen" Hinweise
auf seinen literarischen Favoriten Schiller, so kommt in den
„Deutschen Helden" einer seiner musikalischen Hausgötter
zu Kolportageehren. Der spleenige englische Lord Eaglenest
ist von Mozarts Oper „Die Entführung aus dem Serail" so begeistert, dass er sich mit der fixen Idee trägt, das Ganze in die
Realität – zunächst in Stambul, später in Tunis – umzusetzen.
Neben einschlägigen Karl-May-Schauplätzen wie Prärie und
Wüste führt der Roman den Leser – einmalig im Werk – in
die sibirische Tundra unter Tungusen, Kosaken und Pelztier-
jäger.

Das literarästhetische Niveau rangiert dabei irgendwo
zwischen Konsaliks – der May zu seinen Vorbildern zählte

– „Liebesnächte in der Taiga" und Songtexten der Pop-Gruppe „Dschingis-Kahn". Doch das sieht man dem Autor angesichts der Meisterschaft, mit der bekannte Wildwestsituationen und ihre Helden nach Russland verpflanzt werden, gern nach. Solche Perlen verstanden die Bearbeiter des Karl-May-Verlags geschickt in den zwischen 1931 und 1934 auf der Grundlage des Originaltextes entstandenen Einzelbänden „Allah il Allah", „Der Derwisch", „Im Tal des Todes" sowie „Zobeljäger und Kosak" zu verstecken. Die strukturelle Nähe zu den Abenteuerromanen erlaubte es sogar, die Helden des Kolportagestücks durch die beim Leser populäreren Serienfiguren des Shatterhand- und Kara-Ben-Nemsi-Universums wie Old Firehand, Sam Hawkens oder Hadschi Halef Omar, die dort ursprünglich nicht vorkommen, zu ersetzen.

Ein Kuriosum, das bei geschicktem Marketing das Herz von Millionen von „Kini"-Fans noch heute hochschlagen lassen dürfte, ist Mays letzter Münchmeyer-Unterhaltungsroman „Der Weg zum Glück. Roman aus dem Leben Ludwig des Zweiten". Der Bayernkönig hatte am 13. Juni 1886, erst einundvierzigjährig, einen mysteriösen Tod im Starnberger See gefunden. Da der durch seinen exorbitanten Lebensstil, seine Selbstinszenierungen und seine Märchenschlösser ähnlich seinem großen Bewunderer, dem „King of Pop" Michael Jackson, schon zu Lebzeiten eine Legende war, ölte beider ebenso unerwartetes, geheimnisumwittertes und viel zu frühes Ableben umgehend die Vermarktungsmaschinerie.

So entstanden allein bis 1898 dreizehn Kolportageromane um den Märchenkönig. Selbstverständlich wollte Münchmeyer ein besonders großes Stück vom weiß-blau glasierten Kuchen abbekommen. Er beauftragte seinen besten Mann mit einem entsprechenden Riesenroman. Und der lieferte prompt zwei Jahre 109 Hefte mit 2616 Seiten voller Alpenglühn und Edelweiß. Ludwig II. selbst sorgt als Alpen-Shatterhand in Krachledernen, Janker, Kniestutzen und Gamsbart am Hütchen für weltliche Gerechtigkeit. So fördert er, unterstützt von Richard Wagner und Franz Liszt, die musikalischen Talente pausenlos jodelnder Almbewohner wie Muhren-Leni oder Krikel-Anton. Als treuer Karwendel-Hobble-Frank assistiert ihm dabei der knorrige Wurzl-Sepp. Für die diversen Schmugglergeschichten und der Schilderung sozialen Elends in den Bergdörfern griff May einfach auf Motive seines in Sachsen angesiedelten Romans um den „Verlorenen Sohn" zurück. Im Unterschied zum dort vorherrschenden Dialekt war ihm die Mundart rund um Oberammergau und Ammersee fremd. So erfand er ein kurioses Phantasie-Bairisch. Das klingt dann so: „‚Path Sepp, Du willst heute noch abi gehn?' ‚Was sonst denn?' lachte er. ‚Wann ich halt bei Dir blieb, Leni, würden die Leut allbereits sagen, ich hätt' mich in Dich verschamerirt, und das thät da meiner alten Zither weh; die ist die einzige Liebste, die ich noch habe.' ‚Geh! Mach kein solch Gespaß!'" Dem deutschlandweiten Erfolg tat das keinen Abbruch.

Um den Profit noch zu steigern, brach Münchmeyer bei der Buchfassung dieses fünften und letzten Kolportageromans das May gegebene Versprechen der Anonymität, was er bis auf dem Zeitschriftenabdruck des „Ulanen" gehalten hatte. May ahnte nicht, welchen Ärger ihm das zwei Jahrzehnte später einbringen würde. Darüber machte sich der angehende Erfolgsautor im Moment aber auch keine Sorgen. Denn er hatte schon vor einigen Jahren den Grundstein für den ganz großen Erfolg gelegt, der jetzt zum Greifen nah schien.

Auf der Flucht vor „Professor Unrat"

Am Firmament des Karl-May-Kosmos wurden in der zweiten Hälfte der Achtzigerjahre, mitten in der Knochenmühle der Kolportage, dessen hellste Sterne geboren.

Durch Vermittlung Josef Kürschners, der nach May „bekannte, berühmte Publizist, mit dem ich sehr befreundet war" und dessen „deutscher Gelehrten-Kalender" bis heute erscheint, kommt es Ende 1886 zum Kontakt mit dem Stuttgarter Verleger Wilhelm Spemann. Der bereitet eine für den deutschen Markt völlig neue Art von Jugendzeitschrift vor. Ursprünglich soll sie „Gaudeamus" heißen. Da das aufgrund der populären gleichnamigen Sammlung corpsstudentischer Trinklieder des von May bewunderten Joseph Victor von Scheffel bei der minderjährigen Zielgruppe zur Irritationen führen könnte, wählt man den patriotisch-unverfänglichen Titel „Der gute Kamerad". Das 1809 von Ludwig Uhland verfasste und Friedrich Silcher vertonte sentimentale Lied dieses Titels um Heldentod und Trauer erlebte seit den Siegen über Frankreich 1870/71 eine Renaissance und entsprach pädagogischen Prinzipien einer damaligen Jugendzeitschrift. Wie Spemann in einem der ersten Nummer vom 7. Januar 1887 beigelegten Brief an May betont, verfolge man das „Ziel, der Knabenwelt ein gutes, gesundes Blatt zu geben".

Das Konzept, eine Mischung aus aufwendig illustrierten Abenteuererzählungen und leichtverständlichen Beiträgen zu moderner Technik, Geographie, Ethnographie und den Naturwissenschaften, ging auf und machte sich schnell bezahlt. Die Zeitschrift erschien ohne Unterbrechungen bis zum Jahrgang 1943/44 und nach dem Krieg nochmals von 1951 bis 1968. Dass das Ende mit dem Auslaufen der Karl-May-Filmwelle zusammenfiel, ist kein Zufall: Eine neue Generation Heranwachsender konnte und wollte mit dem Wertekanon vergangener Epochen in der gesellschaftlichen Umbruchphase von 1968 nicht mehr viel anfangen; allein der Titel, der auf ein bis heute gepflegtes Bundeswehrritual verweist, war unzeitgemäß geworden. Doch daran war 1887, in der Blüte des bürgerlichen Gymnasiums, in dem humanistische Bildung auf höchstem Niveau und die Feier von Chauvinismus und Kasernenhofseligkeit harmonierten, noch nicht zu denken.

Im Januar 1887 entrollt sich in der ersten Nummer mit der darin einsetzenden Fortsetzungserzählung „Der Sohn des Bärenjägers" vor dem Leser erstmals das überwältigende Panorama der Old-Shatterhand-Welt. Alles an diesem Roman ist ganz großes Westernkino. Vergleichbares wurde dem deutschen Publikum erst über ein halbes Jahrhundert später wieder mit den gänzlich anders gearteten US-Leinwandepen eines John Ford oder Howard Hawks geboten. Zudem sind die im „Guten Kameraden" im Laufe der kommenden Jahre erscheinenden Jugendromane Mays ein Zeugnis für dessen didaktisches Geschick im Umgang mit dem heranwachsenden Leser.

Der Schauplatz ist eine aus zahlreichen Hollywoodproduktionen bekannte Region: „Nicht viel westwärts von der Gegend, in welcher die Ecken der drei nordamerikanischen Staaten Dakota, Nebraska und Wyoming zusammenstoßen, ritten zwei Männer, deren Erscheinen an einem anderen als diesem westlichen Orte ganz sicher ein sehr berechtigtes Aufsehen erregt hätte."

Und das wundert nicht, denn schließlich sind der „Lange Davy" und sein Gefährte, der „Dicke Jemmy", fix gesellt sich noch der „Hobble-Frank" dazu, ja auch typische „Westmänner" – eine Bezeichnung, die May ebenso wie „Indsman" ei-

gens für sein Präriemärchenland kreiert. Für das deutschsprachige jugendliche Lesepublikum „besserer" Stände, rund
um die Uhr den Zwängen einer sprichwörtlich bis zum Hals
zugeknöpften autoritären Gesellschaft ausgesetzt, können
Mays Typen gar nicht unkonventionell genug daherkommen.
Ob es sich nun um den fliegenpilzartigen Sam Hawkens handelt oder die Tante Droll, bei der bereits der Name nach einer
Travestienummer klingt – im kaiserlichen Deutschland würden die skurrilen Outfits Mayscher Unterhelden nur beim
Karneval, im Zirkus oder auf der Varietébühne toleriert werden. In der unbegrenzten Weite der Prärie leben Jemmy,
Hobble & Co. genau das Gegenteil eines bedrückenden
Schüleralltags, den Heinrich Mann, Bruno Frank oder Hermann Hesse – übrigens alle drei Karl-May-Sympathisanten
– so eindringlich überliefern. Kein deutscher Autor lieh den
eskapistischen Sehnsüchten der durch Gymnasial-„Professor
Unrats", dem von Heinrich Mann bissig charakterisierten
Vertreter dieser Zunft, gequälten Schüler ähnliche Schwin-
gen wie Karl May.

Die mit Abstand populärste humoristische Figur der Wild-
west-Romane ist nicht zufällig der Hobble-Frank. Der mit einem federgeschmückten Damenhut und einer alten französischen Uniformjacke bekleidete extrakleine Sachse, ein als
Forstgehilfe in der Heimat gescheiterter Emigrant, ist ein
wichtiger Träger der vielfältigen didaktischen Absichten, die
May mit dem „Guten Kameraden" verfolgt. Vordergründig
sollen die Leser Entspannung vom Schulstress finden. Möglichst unbemerkt will der Autor, der neben Arzt ja am liebsten
Lehrer geworden wäre, aber auch auf lockere Art demonstrieren, wie wichtig eine gute Bildung ist. Hobble-Frank, der sich
als Privatgelehrter bezeichnet, wirft im breitesten Sächsisch

Gegenstände aus allen nur denkbaren Wissensgebieten durcheinander. Beim Leser, der sich an Unterrichtsfächer wie Geschichte, Geographie, Religion oder Latein und an Frau Stöhrs Bildungsschnitzer aus dem „Zauberberg" erinnert weiß, stellt sich ein dem aktuellem TV-Quizzuschauer vertrautes Gefühl besserwisserischer Überlegenheit ein. Es entwickelt sich Stolz auf die unter Angstschweiß und Tränen erworbene Kenntnisse und Fertigkeiten.

Ödipales: Der Sohn des Bärenjägers, Frodo und Skywalker
Zum Personal der Mayschen Jugenderzählungen gehört als Identifikationsfigur ein Heranwachsender, der im ersten Abenteuer sogar zum Titelhelden wird. Martin Baumann, der besagte „Sohn des Bärenjägers", zieht mit einer Gruppe bewährter Westmänner in den gefährlichen Yellowstone-Nationalpark, um seinen Vater aus den Händen der Sioux zu befreien. In der schmerzhaften Konfrontation mit der Erwachsenenwelt, der im Rückblick geschilderten Tötung der Mutter und jüngeren Schwester – die einzigen weiblichen Wesen im Roman – durch einen Grizzlybären und der Angst um den vom Martertod in einem brodelnden überdimensionierten Schlammloch bedrohten Jägervater – die sexuell konnotierte Nebenbedeutung von „Bär" war dem Exhäftling May bestens bekannt – spiegeln sich unterschwellig Ängste und Sehnsüchte des Pubertierenden. May spielte bereits vor Freud, Jung oder Groddeck in den Achtzigerjahren mit dem Unbewussten der angestrebten Klientel. Wie zeitlos dieser Ansatz ist, demonstrieren bis heute berühmte angelsächsische Mythenschöpfer.

Das Faszinierende bei dem deutschen Autor, der nie eine Hochschule besuchte, ist, dass er intuitiv an die tiefsten

Ängste seines Publikums appelliert. Als der Oxford-Professor Tolkien in der ersten Hälfte des 20. Jahrhunderts seine „Herr der Ringe"-Welten entwarf, war er mit der Psychoanalyse und Mythenforschung vertraut. In noch stärkerem Maße gilt das für den amerikanischen Regisseur George Lucas. Der beruft sich in seinen „Star Wars"-Filmen seit Ende der Siebzigerjahre ausdrücklich auf Erkenntnisse Joseph Campbells, mit dem er im engen Kontakt stand. Das Werk dieses amerikanischen Mythenforschers weist den Zusammenhang von menschheitsübergreifenden Archetypen und Träumen nach. Bei Tolkien erreicht die Angst des kleinen Helden vor dem anderen Geschlecht am Schicksalsberg seinen Höhepunkt. In den dringt der Hobbit Frodo durch einen engen Gang ein, um den unglückbringenden Ring in Lavafluten zu versenken. Sein Unbewusstes lässt ihn fast in den kochenden Schlot des kurz darauf ausbrechenden Vulkans stürzen. Verkörpert wird diese dunkle Seite von Gollum, der Frodo bei einem schweißtreibenden Ringkampf mit intensivem Körperkontakt noch einen Finger abbeißt. Winnetou stirbt im Inneren des Hancock-Berges, einem erloschen Vulkan, im Schoß seines Blutsbruders. Anakin Skywalker, Lukes Erzeuger, erleidet am Ende der dritten „Star-Wars"-Episode von 2005 durch kochende Lava so schwere Verbrennungen, dass er nun auch äußerlich zu Darth Vader, der nur noch in seiner schwarzen Rüstung lebensfähig ist, mutiert. Seine Frau, Lukes Mutter, hatte er da durch Hass und Eifersucht bereits in den Tod getrieben. Erlösung findet Vader erst Jahrzehnte später, als er sich für seinen Sohn Luke Skywalker, der die wahre Identität des schwarzen Lords lange Zeit nur ahnte, opfert. Sterbend versöhnt sich der in den Schoß der guten Seite der Macht Heimgekehrte mit seinem verlorenen Sohn.

Doch nicht nur das geschickte Spiel mit archaischen Ängsten und Mythen, sondern auch die moralischen Botschaften machen die Wildwest-Jugendromane Mays bis heute lesenswert. Wie eine ganze Reihe von Figuren der „Kamerad"-Erzählungen leidet Hobble-Frank unter einer körperlichen Behinderung: Er hinkt. Aber ebenso wie der verwachsene Humply-Bill im „Schatz im Silbersee" bewährt er sich in den brenzligsten Situationen, was ihm ein Lob von Winnetou als „kleiner Held" einbringt. May will zeigen, dass geistige oder körperliche Beeinträchtigungen nichts am Wert eines Menschen ändern. Das unterstreicht er dadurch, dass er seine Hauptschurken oft in diabolischer äußerlicher Makellosigkeit erstrahlen lässt. Da elegantes Schwarz seit jeher Satanisches signalisiert, hüllen sich die ganz bösen Buben der Prärie oft in kleidsame Priestergewänder.

Was die kleinen Hobbits Tolkiens für die angelsächsischen Leser der Private Schools, sind die Westmänner Mays für den deutschen Gymnasiasten: Eine verkleidete Horde Pubertierender, die sich mit wilden Streichen den Anforderungen der Erwachsenenwelt – allesamt sind überzeugte Junggesellen und lieben sich nur untereinander – verweigern. Zu dieser an Knaben adressierten Lektüre gehören deshalb zwei wichtige Unterschiede zu den anderen Texten aus Mays Abenteuerkosmos: Um allzu wirkungsmächtige Identifizierungen mit Superhelden wie Old Shatterhand und damit verbundene Omnipotenzphantasien zu vermeiden, sind sie nicht in der Ich-Form, sondern in der dritten Person geschrieben. Rückblickend formuliert May sein Anliegen so: „Die Aufgabe des Jugendschriftstellers besteht nicht darin, Gestalten zu schaffen, die in jeder Lage so überaus köstlich einwandfrei handeln, daß man sie unbedingt überdrüssig wird, sondern seine größte

Kunst besteht darin, daß er von seinen Figuren getrost die Fehler und Dummheiten machen läßt, vor denen er die jugendlichen Leser bewahren will."

Die großen Abenteuer des Ich-erzählenden Alter Egos Karl Mays – Old Shatterhand in Nordamerika, Kara Ben Nemsi im Orient – sind endlos. Immer wieder zieht es den Helden aus seinem Hauptquartier in Radebeul in die große weite Welt, denn „Wer den Atem der Prairie getrunken hat, dürstet nach ihr, so lange ihm der große Geist das Leben läßt!" Und so verfallen Generationen deutschsprachiger Leser dem Rothaut-Bazillus.

Wenn Franz Kafka den „Wunsch, Indianer zu werden" artikuliert und der Dramatiker Heiner Müller postuliert, dass „Deutscher sein, […] Indianer sein" heißt, so ist ein Mann dafür verantwortlich: Karl May. Aber solcherart Identifizierungen wollten Herausgeber Spemann und Autor May vermeiden. Die Leser sollten später einmal keine ungebundenen Westmänner, sondern als Familienväter „nützliche Mitglieder" der Gesellschaft, Regierungsräte, Staatsanwälte, Professoren oder Offiziere, werden. Deshalb sind die ab 1890 im „Union"-Verlag in Buchform erschienenen Romane in sich völlig abgeschlossen. Am Ende des Südamerika- bzw. Afrikaabenteuers „Das Vermächtnis des Inka" bzw. „Die Sklavenkarawane" finden sich deren Haupthelden demonstrativ in einem kleinbürgerlichen Spitzwegidyll. Eine Rückkehr in die Schauplätze der Romane bleibt ausgeschlossen. Die Erwachsenen gehen wieder ihrer geregelten bürgerlichen Tätigkeit nach, und der junge deutsche Held genügt tagtäglich seiner Schulpflicht. So taucht selbst der bei den Lesern so beliebte Hobble-Frank nicht mehr in den nach 1892 erscheinenden großen „Winnetou"-Geschichten der Ich-Form wie „Old Surehand" auf, obwohl er erst 1899, in der Buchfassung von „Der schwarze Mustang", letztmalig die Prärie durchstreift. Um das zum Zeitpunkt des Erscheinens der Bücher schon endgültig Vergangene seiner Westmannskarriere zu unterstreichen, wendet sich Hobble-Frank im redaktionellen Teil an die Leser des „guten Kameraden". Denen erzählt er dann, dass er, „Heliogabalus Morpheus Edeward Franke, Prairiejäger", sich inzwischen als „unscheinbarer Privatmann" zur Ruhe gesetzt habe.

Bei aller Klassenfahrtatmosphäre und Pennälerhumor wollen und können Karl May oder Tolkien die autoritären politischen Systeme ihrer Zeit niemals in Frage stellen. Flache Hierarchien passen nicht in die Märchenlandschaft von „Der Herr der Ringe" oder „Der Ölprinz". Da können sich ewig dreizehnjährige Hobbits oder saxoteutonische Prärieclowns noch so oft bewähren: Am Primat göttlicher Erwähltheit eines Arargon, Erbe von Gondor, oder Old Shatterhand, ungekrönter Herrscher im Land der Sioux, Bisons und Mustangs, besteht kein Zweifel. Versuche von Nebenfiguren, sich über deren Führungsanspruch hinwegzusetzen, gehen – wie im „Sohn des Bärenjägers" – in der Regel schief, und der Übervater muss die ungezogenen Kinder retten.

Der 1890/91 im „Guten Kameraden" als Vorabdruck und 1894 in Buchform editierte Roman „Der Schatz im Silbersee" ist neben „Winnetou" das bis heute beliebteste Werk des Autors und Einstiegsdroge für Generationen Karl-May-Süchtiger. Nicht ohne Grund wählten Produzent Horst Wendlandt und Regisseur Harald Reinl 1962 gerade diese Romanvorlage für ihre erste Produktion. Allein der lautmalerisch singende Titel verheißt Spannung und Romantik pur. Zur Einlösung dieses Versprechens bedient May sich aller einschlägigen

Motive des zeitgenössischen Wildwest- und Abenteuerromans. Verfeindete Indianerstämme bekämpfen sich untereinander und die Bleichgesichter bis aufs Messer. Die wiederum teilen sich nach Mayscher Manier in eine Schar edler Westmänner und in eine Gruppe abgrundtief verworfener Schurken, den Tramps. Das sind hier nicht wie bei Jack London jobsuchende Abenteurer des Schienenstrangs mit leeren Bäuchen und goldenen Herzen, sondern jeglichem ehrlichem Broterwerb abholde Diebe und Halsabschneider. Die positiven Helden werden von den beiden berühmtesten aller Westmänner angeführt, die ansonsten nur noch in „Winnetou II" gemeinsam agieren: Old Firehand und Old Shatterhand. Um die und ihren Freund bzw. Blutsbruder Winnetou scharen sich die bereits aus den Vorgängerabenteuern „Der Sohn des Bärenjägers" und „Der Geist des Llano Estacado" einschlägig bekannten schrulligen Typen. Zu ihnen stößt der ob seiner Fistelstimme und femininen Bekleidung als „Tante Droll" bekannte Westmann. Diese „Tante" entpuppt sich im Laufe der Handlung nicht nur als cleverer Privatdetektiv, sondern zudem als Hobble-Franks Vetter aus dem Altenburger Land. Die beiden sorgen munter sächselnd als nunmehr unzertrennliches Paar auch in den Folgebänden „Der Ölprinz" und „Der schwarze Mustang" für humorige Einlagen.

Wie so oft bei May, und später symbolisch umgedeutet, führt die Jagd nach dem Schatz von den Ebenen der Prärie empor ins Felsengebirge von Utah. Dort schimmert der legendäre Silbersee. Und wie aus Karl Mays Romanen und Indiana Jones' Abenteuern vertraut, haben die einstigen Herren unermesslicher Reichtümer den Zugang zu den Artefakten mit heimtückischen Fallen versehen. Als die im „Silbersee" zum Schutz vor raubgierigen Indianern ausgelöst werden müssen, geht der Toltekenhort für immer verloren. Damit erteilt May seinen jugendlichen Lesern eine weitere Lektion: Nur durch eigene Hände harter Arbeit erworbener Besitz frommt. So beutet man am Ende des Romans ein ergiebiges natürliches Goldvorkommen aus. Zu aller Zufriedenheit schließt das Buch mit Hobble-Franks Zukunftsvison: „Meine Villa is mehrschtendeels schon fertig, wenigstens im Koppe. Das wird een komposanter Bau am schönen Schtrand der Elbe, und der Name, den ich ihm gebe, wird noch viel komposanter werden. Ich habe gesprochen. Howgh!'"

Auch Winnetous wirkliche Erben, Karl Mays Witwe und der seit 1913 zunächst in Radebeul ansässige und nach ihm benannte Verlag, wissen um die sympathische Magie des Gernegroß und seiner Sprüche. Für das Wild-West-Blockhaus des Karl-May-Museums wählt man 1928 deshalb den – wie Hobble-Frank es ausdrückt – „komposanten" Namen „Villa Bärenfett."

Wilhelm Meister, Shatterhand und Hans Castorp
In den autobiographischen Schriften der späten Jahre oder der Wiener Rede kurz vor seinem Tod 1912 suggeriert May, seine Charaktere von Anfang an als Teile eines auf Jahrzehnte angelegten großen Plans entworfen zu haben: „Die Hauptperson aller dieser Erzählungen sollte der Einheit wegen eine und dieselbe sein, ein beginnender Edelmensch, der sich nach und nach von allen Schlacken des Animamenschentumes reinigt. Für Amerika sollte er Old Shatterhand, für den Orient aber Kara Ben Nemsi heißen, denn daß er ein Deutscher zu sein hatte, verstand sich ganz von selbst. Er mußte als selbst erzählend, also als ‚Icherzähler' dargestellt werden. Sein Ich ist keine Wirklichkeit, sondern dichterische Imagination."

Das ist rückblickendes Wunschdenken. Shatterhand bedarf in seiner Makellosigkeit keinerlei innerlicher Waschungen. Wenn er sich im 1892 erscheinenden Roman „Winnetou I" in Windeseile vom Greenhorn zum Prärie-Siegfried mausert, so überflügelt er schon unmittelbar nach seiner Ankunft im Wilden Westen erfahrene Präriejäger wie Sam Hawkens.

Nicht erst Hans Castorp aus Thomas Manns „Der Zauberberg", sondern bereits Old Shatterhand markiert einen Endpunkt des deutschen Entwicklungsromans nach dem Vorbild von Goethes „Wilhelm Meister". Der Titelheld hatte sich am Ende seiner Wanderungen und Erlebnisse zum idealtypischen bürgerlichen Menschen emporgearbeitet. Doch weder der Sachse Charley des „Winnetou I" noch der Hanseat Castorp im „Zauberberg" entwickeln sich im Vergleich zu diesem klassischen Vorbild noch wirklich. Wenn der Ich-Held als Old Shatterhand am Ende des ersten Teils der Trilogie zur Verfolgung der Mörder von dessen Vater und Schwester aufbricht, hat er sich kaum verändert. Er trägt jetzt lediglich Outfit und Insignien eines Westmanns. Sein eurozentristisches Weltbild wird trotz der Begegnung mit der indianischen Kultur nie in Frage gestellt. Auch bei Castorp verhindern weder seine breitgefächerte Lektüre, die nietzscheanischen Lektionen Naphtas oder die humanistischen Appelle Settembrinis, dass er am Schluss des Romans die Sicherheit des Schweizer Sanatoriums freiwillig gegen das Grauen Langemarcks oder Yperns an der Seite feldgrauer Altersgenossen aus dem „Flachland" eintauscht.

Superhelden und edle Wilde

Mays Old Shatterhand und Kara Ben Nemsi sind die ersten deutschen Superhelden, denen noch heute Heftchenfiguren wie Perry Rhodan nacheifern. Mit ihnen schafft sich der gequälte Autor eine zweite, bessere Identität. An die Stelle der gedemütigten Kreatur treten selbstbestimmte, bewunderte Individuen. Hier vollzieht sich Ähnliches wie ein halbes Jahrhundert später bei den Superman-Erfindern Jerry Siegel und Joe Shuster, die mit dieser Figur wie einst ihre europäischen Vorfahren mit dem Golem judenfeindliche bzw. antisemitische Demütigungen kompensieren.

Shatterhand wie Superman verfügen über Charisma. Allein der Name schlägt die Schurken dieser Welt in die Flucht. Karl May inszeniert den Auftritt seiner Zentralfiguren von Roman zu Roman bühnenreifer. Wie germanische Sagengestalten entsteigen sie dem Nebel raunender Legenden. In der Geschichte „Der Sohn des Bärenjägers", die sich seit 1914 mit „Der Geist des Llano Estacado" im Band „Unter Geiern" findet, unterhält sich ein junger Indianer mit zwei Präriejägern über den berühmtesten Westmann: „Kennen meine weißen Brüder das große Bleichgesicht [...] Nou-pay-klama [...]?' ,Du meinst Old Shatterhand?' [...] Was ist's mit ihm?'" Bei Normalsterblichen hätte Davy gefragt, was mit ihm ist – das „ist's" weist auf einen mythischen Schleier. Wenig später verfolgen die Freunde eine geheimnisvolle Fährte, die selbst so erfahrenen Westmännern Rätsel aufgibt. „Unbegreiflich!' [...] ,Das Pferd muß aus der Luft gekommen und wieder in der Luft verschwunden sein. Oder ist es wirklich der Geist der Savanne gewesen! Dann wollte ich, er käme auf den guten Gedanken, sich einmal sehen zu lassen. Ich möchte doch gar zu gern wissen, wie ein Geist aussieht. '"

Das ist das Stichwort. Der Gerufene erscheint: „Er war von nicht sehr hoher und nicht sehr breiter Gestalt. Ein dunkelblonder Vollbart umrahmte sein sonnverbranntes Gesicht. Er trug [...] einen breitkrämpigen Filzhut, in dessen Schnur

Karl May als Old Shatterhand im Coyotenpanzer, Aufnahme von 1896

rundum die Ohrenspitzen des grauen Bären steckten. […]
Von der linken Schulter nach der rechten Hüfte trug er einen
aus mehrfachen Riemen geflochtenen Lasso und um den Hals
an einer starken Seidenschnur eine mit Kolibribälgen verzierte Friedenspfeife, in deren Kopf indianische Charaktere

ZWISCHEN KOLPORTAGE UND REISEROMAN

eingegraben waren. In der Rechten hielt er ein kurzläufiges Gewehr, dessen Schloß von ganz eigenartiger Konstruktion zu sein schien."

So tritt Old Shatterhand auf den Plan. Es gibt nur einen, der ihm gleichkommt. Auf den braucht der Leser nicht lange zu warten: „Er war ganz genau so gekleidet wie Old Shatterhand, nur daß er anstatt der hohen Stiefel Moccassins trug. Auch eine Kopfbedeckung hatte er nicht. Sein langes, dichtes, schwarzes Haar war in einen hohen, helmartigen Schopf geordnet und mit einer Klapperschlangenhaut durchflochten. Keine Adlerfeder schmückte diese indianische Frisur. Dieser Mann bedurfte keines solchen Zeichens, um als Häuptling erkannt und geehrt zu werden. Wer nur einen Blick auf ihn richtete, der hatte sofort die Ueberzeugung, einen bedeutenden Mann vor sich zu haben. Um den Hals trug er den Medizinbeutel, die Friedenspfeife und eine dreifache Kette von Bärenkrallen, Trophäen, welche er sich selbst mit Lebensgefahr erkämpft hatte. In der Hand hielt er ein doppelläufiges Gewehr, dessen Holzteile dicht mit silbernen Nägeln beschlagen waren. Dies war die berühmte Silberbüchse, deren Kugel niemals ihr Ziel verfehlte. Der Ausdruck seines ernsten, männlichschönen Gesichtes war fast römisch zu nennen; die Backenknochen standen kaum merklich vor, und die Hautfarbe war ein mattes Hellbraun mit einem leisen Bronzehauch. […] Das war Winnetou, der Apachenhäuptling, der herrlichste der Indianer. Sein Name lebte in jeder Blockhütte und an jedem Lagerfeuer. Gerecht, klug, treu, tapfer bis zur Verwegenheit, ohne Falsch, ein Freund und Beschützer aller Hilfsbedürftigen, gleichviel ob sie rot oder weiß von Farbe waren, so war er bekannt über die ganze Länge und Breite der Vereinigten Staaten und deren Grenzen hinaus."

Auf dem Höhepunkt der „Old-Shatterhand"-Legende, im Roman „Weihnacht", steigert sich die Beschreibung des Häuptlings 1897 endgültig zur Apotheose. Sein geistiger Vater verleiht ihm „küßliche(n) Lippen, welche der süßesten Schmeicheltöne ebenso wie der furchterweckendsten Donnerlaute [...] fähig waren. Seine Stimme besaß [...] einen unvergleichlich ansprechenden, anlockenden gutturalen Timbre, den ich bei keinem andern Menschen gefunden habe [...] Das Schönste an ihm aber waren seine Augen, diese dunklen, sammetartigen Augen, [...] Wenn er von Gott sprach [...] waren seine Augen fromme Madonnen-, wenn er freundlich zusprach, liebevolle Frauen-, wenn er aber zürnte, drohende Odins-Augen." Der Schriftsteller Arno Schmidt, der hier einen homoerotischen Subtext vermutet, bemerkt 1962 in seiner Karl-May-Studie „Sitara" dazu sarkastisch: „Wenn Ihnen ein Bekannter, oder Junge, von seinem ‚Freunde' in Wendungen der obigen Art vorschwärmte, was würden Sie dann denken ? − − : ! ? ! − − : Sehr richtig: einverstanden." Wie auch immer es um die sexuelle Fixierung Mays jener Jahre bestellt sein mag: Mit Winnetou schafft er den edlen Wilden der deutschen Literatur an sich. Vorbilder für das Blutsbrüderpaar sind die Cooperschen Helden Nathaniel Bumppo, der „Lederstrumpf", und sein indianischer Freund Chingachgook. Hatte der Mohikaner noch menschliche Fehler und Schwächen − er ist ein Skalpjäger, seine Büchse „nicht der sichere Tod" und am Ende seines Lebens verfällt er zunehmend dem Feuerwasser −, so ist Winnetou ins Mythische überhöht. Nichts an ihm erinnert an historische Apatschenhäuplinge wie Cochise oder Geronimo; diese Kunstfigur trägt antik-abendländisches Heldentum zur Schau.

Mit ihm verfolgt May ja auch weit über seine literarischen Vorläufer Cooper oder Ferry hinausgehende Ziele. Im Oktober 1892 schreibt er zur geplanten „Winnetou"-Trilogie: „Es müsste ein ethnographisch-novellistisches Meisterstück werden, nach welchem 100 000 Hände griffen, noch ganz anders als Lederstrumpf und Waldläufer, viel gediegener, wahrer, edler, eine große verkannte, hingemordete, untergehende Nation als Einzelperson Winnetou geschildert. Es würde ein Denkmal der roten Rasse sein."

Fehsenfeld und die Geburt der „Grünen Bände"

Doch zu Beginn der Neunzigerjahre gilt es erstmal, den bis dato nur in Zeitschriftenfortsetzungen erscheinenden Abenteuern eine angemessene Buchform zu verleihen. Bereits 1890 hatte der Verleger Spemann gemeinsam mit zwei Kollegen den „Union"-Verlag gegründet, wo im Rahmen einer „Kamerad"-Bibliothek noch im selben Jahr „Der Sohn des Bärenjägers" erscheint. Mit dem roten Halbleinenenband und einem actionverheißenden Titelbild, das die Überwältigung des Mandanindianers Wokadeh durch die Sioux zeigt, sowie sechzehn Tondruckbildern unterscheidet es sich äußerlich nicht von den zahlreichen in jenen Jahren erscheinenden, „für die reifere Jugend" bearbeiteten „Jungsbüchern" eines James F. Cooper oder Frederick Marryat. Das Aussehen des Bandes, der allein zu Lebzeiten Mays trotz eines vergleichsweise hohen Preises sieben Auflagen erreichte, verrät damit seine Zielgruppe: Männliche Gymnasiasten betuchter Eltern. 1913 erwirbt die Witwe des Autors die Rechte an den „Union"-Nachdrucken des „Guten Kameraden" und gliedert sie in der heute bekannten Ausstattung in die „Gesammelten Werke" ein.

Diese „Grünen Bände", die den eigentlichen Siegeszug Karl Mays einleiteten, existieren in dieser Form erst seit 1892.

Der 1853 geborene Freiburger Verleger Ernst Fehsenfeld, Schneeschuhpionier, begeisterter Jäger und früher Radsportanhänger, hat am Aufstieg Mays ausschlaggebenden Anteil. In seinen „Erinnerungen an Karl May" schildert er 1933 den Beginn seiner Begeisterung: „Im Jahre 1891 […] kam mir der ‚Deutsche Hausschatz' […] in die Hände. Ich begann zu lesen und kam nicht mehr davon los. Familie, Geschäft, Essen und Trinken vergaß ich! […] Diese Erzählungen aus ihrer Zerstückelung in den Zeitschriften herauszuholen, sie in Bücher zu fassen und so der deutschen Jugend und dem ganzen Volk zu schenken, das war ein Gedanke, der mich nicht wieder losließ. Und allsbald ging ich ans Werk."

Im Juli 1891 unterbreitet Fehsenfeld Karl May brieflich das Angebot, seine Zeitschriftenbeiträge für den „Hausschatz" in Buchform zu veröffentlichen.

Erst vier Monate später reagiert der Gefragte. In Fehsenfelds Erinnerungen klingt das Jahrzehnte später eindrucksvoll: „Soeben von einer meiner grossen Reisen zurück, finde ich ihren Brief." In Wirklichkeit war May 1891 nicht über die Grenzen Sachsens hinausgekommen. Und anstatt mit Siouxoder Kurdenhäuptlingen verhandelt er ganz profan mit dem Eigentümer der Villa „Agnes" im Lößnitzgrund, wohin das junge Ehepaar im Mai 1890 gezogen war, über die fällige Quartalsrate für den Mietzins. Denn obwohl Karl May beim „Hausschatz" Woche für Woche neue Fortsetzungskapitel der „Felsenburg" – dem ersten Teil der Trilogie „Satan und Ischariot" – abliefert, für den Regensburger „Marien-Kalender" von christlichem Pathos triefende Kurzgeschichten verfasst und im „Guten Kameraden" mit dem Südamerikaabenteuer „Das

Vermächtnis des Inka" bereits die vorletzte seiner sieben Jugenderzählungen erscheint, leidet er wieder einmal unter Geldnot. Um das nicht zum Dauerzustand werden zu lassen, muss er gegenüber potenziellen Verlegern seinen Marktwert möglichst hoch halten. May präsentiert sich im Antwortschreiben an Fehsenfeld am 8. November 1891 als permanent von Anfragen nach Buchfassungen bestürmter Erfolgsautor und unterbreitet Fehsenfeld konkrete finanzielle Vorstellungen für eine Zusammenarbeit. Geschickt bereitet er so die Wende in seinem Leben, die ihn materieller Sorgen für immer entheben wird, vor. May pokert hoch und gewinnt.

Fehsenfeld schaut zurück: „Ich reiste nach Dresden. Meine Ankunft hatte ich angezeigt. Am kl. Bahnhof ‚Weintraube' stieg ich aus, und da kam denn auch alsbald ein Herr im grauen Havelock auf mich zu, legte beide Arme auf meine Schultern und rief aus: So muß mein Verleger aussehen."

Schnell ist man sich handelseinig. Schon am 17. November 1891 wird in Oberlößnitz, einem Stadtteil Radebeuls, der Vertrag über die Buchausgabe der im „Hauschatz" und in anderen Zeitschriften publizierten Erzählungen als „Carl May's gesammelte Reiseromane" geschlossen.

Als besonderer Glücksfall erweist sich, dass die Herstellung der Bücher der Hoffmannschen Buchdruckerei in Stuttgart anvertraut wird. Auf deren Chef Felix Krais, einem Cousin Fehsenfelds, geht ganz maßgeblich die Idee eines einheitlichen Designs der nun entstehenden Reihe zurück. May will weg vom Image des Jugendschriftstellers. Als potenzielle Käuferschicht soll ein zahlungskräftiges Erwachsenenpublikum angesprochen werden. So orientiert sich Felix Krais an den repräsentativen Klassikerausgaben der Zeit. Die in dunkelgrünes Ganzleinen gefassten Bände mit dem arabesken

Rückenschmuck, auf dem im blattgüldenen Felde Autorenname und Bandtitel prangen, und der in Gold gestanzte Titel samt aufgeklebtem Bild versprechen seit 1892 handwerkliche Sorgfalt und literarische Seriosität. Auf Textillustrationen wurde bewusst verzichtet. Die gab es in Goethes gesammelten Werken ja auch nicht. Mit ihrem einheitlichen Erscheinungsbild samt fortlaufender Bandnummerierung animierten die Einzelbände der Fehsenfeld-Edition zum Sammeln.

Bereits zwei Wochen nach Vertragsabschluss berichtet der gerade von einer Erkältung genesende Autor morgens halb drei seinem frisch gewonnenen Verleger von den Fortschritten bei der umgehend in Angriff genommenen Bearbeitung der Zeitschriftenversion des Orientzyklus für eine sechsbändige Romanfassung. Der Brief schließt mit den Versen:

„Im lieben, schönen Lößnitzgrund
Da saßen Zwei selbander;
Die schlossen einen Freundschaftsbund,
Gehn niemals auseinander.
Der Eine schickt Romane ein,
Der Andre läßt sie drucken,
Und's Ende wird vom Liede sein:
,s wird Beiden herrlich glucken!"

Wie herrlich es bald glucken sollte, ahnten weder May noch Fehsenfeld.

Der Orient-Zyklus

„Und ist es wirklich wahr, Sihdi, dass du ein Giaur bleiben willst, ein Ungläubiger, welcher verächtlicher ist als ein Hund, widerlicher als eine Ratte, die nur Verfaultes frisst?"

Karl May in seinem Arbeitszimmer

Diese resignierte Frage ist einer der berühmtesten Roman-
anfänge deutscher Zunge. Der um das Seelenheil seines deutschen Chefs so Besorgte ist neben Faust, Winnetou und Oskar
Mazerath eine der populärsten Figuren der deutschen Literatur.

Noch bis in die Siebzigerjahre des 20. Jahrhunderts war es
unter Pennälern Pflicht, seinen kompletten Namen zu jeder Ta-
ges- und Nachtzeit repetieren zu können: Hadschi Halef Omar
Ben Hadschi Abul Abbas Ibn Hadschi Dawud al Gossarah.

Als „Freund und Beschützer" seines Sihdi, des deutschen
Reisenden Kara Ben Nemsi, ist er neben Winnetou der beliebteste Held im Karl-May-Universum. Mehr noch: Mit diesem
einfachen, armen Beduinen, einem warmherzigen Menschen
mit großer Klappe, gelingt Karl May eine wesentlich differen-
ziertere und dem Leser gerade ob seiner Schwächen vertrau-
tere Gestalt als mit seinem makellos-flapsigen Apatschen.
Superheld Kara Ben Nemsi ist der Autor, wie er gern wäre –
sein Diener ist der Karl May in der schnöden Realität.

Mit seinem 1892 als Band 1 bis 6 von „Carl Mays's gesammelten Reiseromanen", den ersten „Grünen Bänden", erschienenen Orientzyklus prägt der Schriftsteller auf etwa 3700 Seiten seither das Bild der Deutschen vom Nahen Osten und seiner Menschen wie kein anderer Autor.

Obwohl viele seiner Erzählungen, besonders die Kolportageromane, in anderen Regionen spielen, sind es vor allem zwei Handlungstopoi, die ihn berühmt machten: der Nahe Osten und der „Wilde Westen" Nordamerikas. Dort erlebt sein Alter Ego, ein Superheld, der sich im Orient Kara Ben Nemsi und in Nordamerika Old Shatterhand nennt, die phantastischsten Abenteuer. Unter dem Obertitel „Giölgeda Padishanün" beschreibt Karl May den abenteuerlichen Ritt Kara Ben Nemsis durch das Osmanische Reich in den Siebzigerjahren seines Jahrhunderts. Begleitet wird er von seinem treuen Diener Halef, einem zunächst noch glaubenseifrigen Moslem.

Den Spannungsbogen bildet die Jagd auf das Oberhaupt eines international agierenden Verbrechersyndikats, den „Schut", von Nordafrika bis auf den Balkan. Ab 1892 wurde die Geschichte in der heutigen sechsbändigen Buchform veröffentlicht. Karl May führt die Leser an der Seite Kara Ben Nemsis und Hadschi Halef Omars „Durch die Wüste", „Durchs wilde Kurdistan", „Von Bagdad nach Stambul", kämpft und missioniert „In den Schluchten des Balkan" und zieht „Durch das Land der Skipetaren". Als sich ein vermeintlich ehrbarer Pferdehändler als der lange gesuchte „Schut" entpuppt, stürzt sich selbiger im dramatischen Showdown zu Tode. Auf dem mit kleinen und großen Schurken gepflasterten Weg zur Gerechtigkeit rechnet Kara Ben Nemsi mit Vertretern der osmanischen Obrigkeit, korrupten und unfähigen Provinzgouverneuren, Polizisten oder Richtern ab, wobei unverkennbar die späte Rache des früheren Häftlings am heimatlichen sächsischen Justizapparat durchschimmert. Nach dieser Privatlösung der „orientalischen Frage" kehrt der Ich-Erzähler, an dessen gottgesandtem „Übermenschentum" man von der ersten bis zur letzten Seite ebenso wenig zweifelt wie an seiner Identität mit Karl May, in seine Heimat zurück, um zum „Lehrer seiner Leser" zu werden.

Die Mischung aus aquarienbuntem Abenteuer, Aufruf zur christlichen Nächstenliebe und unaufdringlich vermittelter Information über den damals noch geheimnisvollen Orient, der zu jener Zeit als identisch mit dem Osmanischen Reich betrachtet werden kann, ist das Erfolgsgeheimnis der Reihe.

Der sofort einsetzende Erfolg des Orientzyklus Mays erklärt sich neben seiner inhaltlichen Qualität nicht zuletzt aus dem sprunghaft gewachsenen Interesse an dessen Handlungsorten. Als sich im dritten Band, „Von Bagdad nach Stambul", Lord Lindsay nach der Meinung des deutschen Helden zur „orientalischen Frage" erkundigt, antwortet der: „[...] die orientalische Frage ist mir gar ein Greuel. Wer sie erst definieren kann, der mag sie danach lösen. [...] Der Türke ist ein Mensch, und einen Menschen macht man nicht damit gesund, dass die Nachbarn sich um sein Lager stellen und mit Säbeln ein Stück nach dem andern von seinem Leibe hacken, sie, die sie Christen sind. Einen kranken Mann macht man nicht tot, sondern man macht ihn gesund [...]. Die Streiter unserer heiligen Kirche besitzen mächtigere Waffen, als Schwerter und Kanonen es sind. Diese Waffen haben Weltreiche ohne Blut erobert. Warum soll diese Eroberung des Friedens nicht still und kräftig weiterschreiten? Das ist die Lösung der orientalischen Frage, wie der Christ sie sich denkt."

Nur etwa anderthalb Jahrzehnte früher, am 14. Oktober 1876, hatte Reichskanzler Otto von Bismarck vor dem Reichstag einen wesentlich weniger romantischen Standpunkt als May zu dem Problem kundgetan: „Die Frage, ob wir über die orientalischen Wirren mit England, mehr noch mit Österreich, am meisten aber mit Russland in dauernde Verstimmung geraten, ist für Deutschlands Zukunft unendlich viel wichtiger als alle Verhältnisse in der Türkei zu ihren Untertanen und zu den europäischen Mächten." Bereits zwei Jahre später hatte sich die Lage geändert. 1878 trafen sich die Vertreter der europäischen Großmächte mit den Repräsentanten des Russischen und des Osmanischen Reiches auf dem „Berliner Kongress". Die Reichshauptstadt war wegen der bislang geübten Zurückhaltung Bismarcks, der sich deshalb als „ehrlicher Makler" empfahl, gewählt worden. Alle anderen europäischen Mächte verfolgten im Orient direkte politische Interessen, sodass der Ich-Erzähler in „Von Bagdad nach Stambul" etwas naiv konstatiert: „Nur ein einziger steht von ferne, mit christlicher Teilnahme im Herzen. Er war ihm einst ein ehrlicher Feind und möchte ihm nun auch ehrlicher Freund sein. Er hat eingesehen, daß der Türke ein ebenso großes Recht hat, sein Land zu behaupten, wie Preußen sein Schlesien, Sachsen und Hannover behalten hat. [...] Dieser Einzige ist der Deutsche."

Orientalisierende Vorurteile in der breiten Masse des deutschen Bürgertums spiegeln sich gerade in der zeitgenössischen Presseberichterstattung zum Berliner Kongress wider. Die Satirezeitschrift „Kladderadatsch" stellte die Delegierten in Karikaturen vor: „Karatheodori Pascha wundert sich über die vielen hübschen Mädchen in Berlin und darüber, dass Jeder nur eine zur Frau nimmt." So konnte auch Karl May sicher

sein, mit Scherzen über Haremsschönheiten und Pantoffel-
helden den Publikumsgeschmack zu treffen. Nicht zufällig
hieß „Durch die Wüste" bis zur dritten Auflage 1893 „Durch
Wüste und Harem". Da man jeglichen Verdacht voyeuristi-
scher Aktivitäten des sittenstrengen Kara Ben Nemsi vermeiden möchte, heißt der Band seit der vierten Auflage 1895
„Durch die Wüste".

1890, zwei Jahre nach seiner Thronbesteigung, entlässt der
junge Kaiser Wilhelm II. den greisen Kanzler Bismarck, dessen nüchternes Wesen seinen Phantasien von „Weltgeltung"
im Wege stand. Diese waren besonders vom Traum eines
„deutschen Orients" dominiert, worunter nicht die Eroberung
von Kolonien, sondern die Schaffung von ökonomischen und
politischen Einflusssphären zu verstehen war. Man engagierte
sich ökonomisch, politisch und militärisch im niedergehen-
den Osmanischen Reich. 1888 erhielt ein Finanz- und Wirt-
schaftskonsortium unter Leitung der Deutschen Bank die
Konzession für den Bau einer Bahnstrecke von Istanbul durch
Anatolien. 1903 schlug die Geburtsstunde der berühmten
Bagdadbahn, eines Jahrhundertwerks, das die Reise Nonstop
von der Spree bis zum Persischen Golf ermöglichen sollte.
Das Bündnis mit dem Deutschen Reich im Ersten Weltkrieg
führte 1918 sechs Jahre nach Mays Tod zum endgültigen Zusammenbruch und Ende des Osmanischen Reiches.

Mit „Babel und Bibel – Eine arabische Fantasia" schafft May
1906, also acht Jahre vor dem Ausbruch des Ersten Weltkrie-
ges, sein einziges Theaterstück. Hier entwirft er ein bedrü-
ckend aktuell scheinendes Panorama des Verhältnisses zwischen Orient und Okzident. Trotz seiner Popularität fand er
für das ambitionierte Projekt keinen Regisseur, der bereit war,
es zu inszenieren. Abu Kital, der „Gewaltmensch", ein islami-

scher Fundamentalist, beschreibt zum Auftakt des ersten Aktes des Schauspiels den politischen Zustand der Welt: „Die Zeit ist ernst, und ernst sei auch der Mann, wenn er sie zähmen und beherrschen will! Es wetterleuchtet um die ganze Erde; im heilgen Brunnen hat man Blut gefunden […]. Von solchen Zeichen lässt man wohl sich warnen, zumal beim scharfen Klang der Völkerstimmen." Auf die Nachfrage eines Stammesältesten: „Was sind Völkerstimmen?" wird erklärt: „Geblitzte Worte, die von Volk zu Volk gewitterleuchtend durch die Lüfte zucken. Ihr kennt sie nicht? […]" „Amerika nur für Amerika!" […] „Europa, wahre deine heilgen Güter." Übereinstimmend beschließt man, dass es nur eine Reaktion darauf geben darf: „Das Morgenland nur für das Morgenland!" Einem Glaubensgenossen, der in seinen Augen Allah nicht ehrfürchtig genug preist, erläutert er im Stil des modernen Fundamentalisten: „Ich weiß es wohl: seitdem in unsrem Schlamm das Christentum nach Heidengöttern gräbt und so ein ‚Baal' kaum zehn Piaster kostet, ist auch Allah im Preis bei euch gesunken. Da schreit nun jeder Esel stracks zum Himmel, in dem er meint, die Allmacht habe sich in allerhöchster, eigener Person um nichts als seine eigen Häcksel zu bekümmern. Uns aber, uns vom heilgen Imamat, die wir allein, allein berufen sind, die Seligkeit im Volke zu verteilen, uns aber will man plötzlich überflüssig finden! (zu allen) Ich sage euch, Allah soll wieder steigen, so hoch, so hoch, dass euch die Lust vergeht, nach ihm zu pfeifen, wie es euch beliebt!"

Ein Leser schöpft Verdacht

Karl May, der ehemalige Häftling, zunächst erfolglose Journalist und Kolportageknecht, der zum Zeitpunkt der Entstehung der Romane die Grenzen Sachsens und Böhmens nie überschritten hat, bezieht sein Wissen aus Lexika, Atlanten und Expeditionsberichten. Für seine vorgeblichen Reiseimpressionen aus Mesopotamien und Kurdistan im Orient-Zyklus greift er insbesondere auf das Werk des britischen Archäologen Austen Henry Layard „Nineveh and its Remains" von 1848 zurück. Dieser Bestseller, in dem Layard seine Ausgrabung des biblischen Ninive und packende Abenteuer mit den Landesbewohnern schildert, lag unter dem Titel „Ninive und seine Überreste, nebst einem Berichte über einen Besuch bei den chaldäischen Christen in Kurdistan und den Jezidi oder Teufelsanbetern" 1850 auch in Deutsch vor. Layard war die zentrale Figur der britischen Assyrologie des 19. Jahrhunderts, an dem sich noch der legendäre Lawrence von Arabien bei seiner Berufswahl orientieren sollte. In Layards Buch gehen Gelehrsamkeit, Spannung und Exotik eine glückliche Verbindung ein. Die nach England transportierten gigantischen geflügelten Löwen, Stiere und meterlange assyrische Reliefs gehören zu den beeindruckendsten Exponaten des British Museum in London.

Layard schildert die Umgebung seiner Forschung aus der Perspektive des überlegenen Europäers, der voller Hochachtung für die vergangenen Kulturen angewidert auf das elende Dasein der Nachfahren ihrer Schöpfer blickt. Diese Perspektive ist so allgemein einsetzbar, dass sie ein Erfolgsschriftsteller des 19. Jahrhunderts wie Karl May ebenso wie der Sachbuchautor C. W. Ceram 1949 für seinen Sachbuchlongseller „Götter, Gräber und Gelehrte" unreflektiert übernehmen konnte.

Layard und May sind sich einig: Die Region ist inzwischen eine kulturlose Einöde mit barbarischen Menschen, in der zivilisierte Europäer nur kurzzeitig für Ordnung sorgen können. In diesem Sinn gebiert sich auch Kara Ben Nemsi wie ein Erwachsener im Zimmer seiner Sprösslinge. Für den Moment seiner Gegenwart kann er die Kinder mit einer Mischung aus väterlicher Güte und Strenge dazu anhalten, die darin herrschende Unordnung zu beseitigen und aufzuräumen. Ihm ist allerdings klar, dass sofort erneutes Chaos ausbrechen wird, sobald er den Raum verlassen hat.

Layards Berichte über Stolz und Raubgier von Beduinen und Kurden, die Korruption und Schluderei der osmanischen Provinzverwaltung wie seine farbigen Landschaftsschilderungen fließen vor allem in die Bände „Durch die Wüste" und „Durchs wilde Kurdistan" ein. Da May dabei seitenlang mitunter wortwörtlich und ohne jeden Quellenverweis aus Layards auch in Deutschland verbreitetem Werk zitiert, wird sein Publikum erstmals misstrauisch. So erhält die katholische Familienillustrierte „Alte und neue Welt" 1882 einen Leserbrief: „M. hat ja gewiß ein glänzendes, bestechendes Talent; aber das bringt er mit all seinem unbestreitbaren Talent nicht fertig, einen nüchternen Beurtheiler glauben zu machen, daß er vorwiegend eigene Erlebnisse schildere. Wer speciell etwas von dem berühmten Assyrologen Layard kennt, möchte sich in einem bestimmten Falle zu dem Nachweise versucht fühlen, daß der phantasievolle Verfasser seine Reisen sogar bis auf Layards Werke ausgedehnt habe."

Die Redaktion des „Deutschen Hausschatzes", in der der Orient-Zyklus abgedruckt wird, sieht sich genötigt, ihren Starautor – der den Beitrag dem Duktus zufolge selbst verfasst hat – gegen jegliche Verdächtigung zu verteidigen: So liest man in der Novembernummer: „Und wenn unser ‚Weltläufer' hie und da bei der Beschreibung uralter Baudenkmäler etc. gelehrte Werke zu Rathe zieht und sie als Hilfsmittel benutzt, thut er denn da etwas Anderes als was jeder Gelehrte nicht unterlassen darf, wenn er eine gediegene Arbeit liefern will? Darum konnte sich nur ein literarischer Nullus, der selbst kein eigenes Geistesprodukt aufzuweisen hat, die Anmaßung erlauben, einem hochbegabten Schriftsteller den Vorwurf zu machen, daß dessen Reisen sich sogar auf Layards Werke erstreckten." Mit dieser nach dem Motto „Frechheit siegt" verfassten Stellungnahme schien die Sache zunächst erledigt. Jeglicher Zweifel an der Authentizität „Dr. Karl Mays" war zunächst ausgeräumt. Erst anderthalb Jahrzehnte später wird es erneut zu ähnlichen Angriffen mit weitreichenden Folgen kommen.

May aktuell: Kultureller Dialog und islamischer Fundamentalismus

Doch was hat ein 1912 verstorbener Schriftsteller, dessen Stoffe aus der zweiten Hälfte des 19. Jahrhunderts stammen, einem Leser im Internet-Zeitalter noch über den Nahen Osten, seine Menschen und die dort dominierende Religion zu sagen? Schließlich gibt es modernere Texte. Die berühmten sechs Bände des Orient-Zyklus reihen Abenteuer an Abenteuer, die zumeist nur locker im Zusammenhang stehen. Dutzende Namen und Figuren tauchen auf und verschwinden. Der übergreifende Spannungsbogen, die Jagd nach dem Schut, erschlafft dabei allzu oft. Im Unterschied zu heute populären Mythen wie Indiana Jones oder James Bond, aber auch zu eigenen Kolportagewerken wie „Die Liebe des Ulanen", fehlt der unverzichtbare McGuffin. Es existiert kein archäologisches Artefakt, kein Computerchip oder wenigstens eine alte Kriegskasse, für deren Besitz alle Beteiligten Leib und Seele riskieren. „Durchs wilde Kurdistan" oder „Von Bagdad nach

Stambul" oder auch die Sudan-Romane Mays verdienen aus anderen Gründen Aufmerksamkeit. Sie alle spielen vor dem Hintergrund des Zerfalls des Osmanischen Reiches. Araber, kurdische Yeziden oder chaldäische Christen litten unter türkischer Herrschaft, die sie gegeneinander auszuspielen suchte. Als Reaktion auf die schwächelnde Zentralgewalt in Istanbul, korrupte Provinzverwaltungen und expansive Bestrebungen der europäischen Kolonialmächte gewannen radikalislamische Bewegungen an Bedeutung.

Bis ins späte neunzehnte Jahrhundert neigt man in Deutschland zu einer Romantisierung des Sklavenhandels im Osmanischen Reich. Zu sehr waren Politik, Börse und Öffentlichkeit mit der Südstaaten-Sklaverei in den USA beschäftigt. Die Übersetzung von Harriet Beecher Stowes „Onkel Toms Hütte" bewegt noch im Erscheinungsjahr 1852 das deutschsprachige Publikum. Im Oktober 1908 wird auch Karl May während seiner Amerikareise ihr Wohnhaus und Grab besuchen.

Gleichzeitig mit der Verurteilung des von Beecher Stowe angeprangerten Unrechts idyllisieren üppige Haremsphantasien orientalisierender Maler das Los nubischer Sklavinnen und Eunuchen. Wilhelm Hauffs Märchen oder die Reiseberichte des Bonvivants Fürst Pückler, der sich 1837 auf dem Sklavenmarkt eine etwa dreizehnjährige Nubierin „gegen die Langeweile" kauft, verharmlosen das Problem. Selbst ein so scharfzüngiger Kritiker sozialer Missstände wie Karl Marx unterschätzt die Sklaverei im Islam. In seinem Hauptwerk „Das Kapital" wird sie nur am Rande als „Haussklaverei" zur „Luxusparade" erwähnt.

1885 änderte sich dieses Bild schlagartig. Unter Führung des Derwischs Mohammed Achmed, des „Mahdi", hatte man im Sudan den ersten islamistischen „Gottesstaat" der Moderne errichtet. 1898 wurde dieses blutige Sklavenhalter-Regime von den Briten zerschlagen. Im deutschen Kaiserreich verfolgte man atemlos den hartnäckigen Kampf des Gouverneurs der Provinz Äquatoria, Emin Pascha – als Eduard Schnitzer ursprünglich Arzt in Schlesien –, gegen die Mahdisten. 1892 wurde er von Sklavenhändlern ermordet. Vier Jahre später erscheint in der grünen Fehsenfeld-Reihe Karl Mays Romantrilogie „Im Lande des Mahdi". Es sind 2500 Seiten konsequenter Abrechnung mit dem Sklavenhandel im Islam. Bereits 1893 war im Rahmen seiner Jugenderzählungen das zuvor im „Guten Kameraden" abgedruckte Afrika-Abenteuer „Die Sklavenkarawane" mit der gleichen Thematik erschienen.

Der Brite T. E. Lawrence begibt sich am 2. Oktober 1918 in die Omejaden-Moschee in Damaskus, um den Sarkophag Saladins des bronzenen Kranzes Wilhelms II. zu berauben. Der Autor, der mit seinen Werken das deutsche Orientbild prägte wie T. E. Lawrence das angelsächsische, hat es zwei Jahrzehnte früher nicht minder eilig, dorthin zu kommen. Karl May würdigt während seiner Orientreise am 2. Juni 1900 Saladin, Bezwinger des englischen Königs Richard Löwenherz, mit einer Eintragung in sein Reisetagebuch: „Ich liebe diesen Toten." Karl May sieht sich mit seinen Morgenland-Phantasien in der Tradition von Lessings Aufklärungsstück „Nathan der Weise", von dem er die idealisierte Darstellung Sultan Saladins als aufgeklärter Monarch übernimmt. Vor allem nach der Jahrhundertwende werfen Mays Gegner ihm allzu große religiöse Toleranz vor. Ridley Scott erntet 2005 mit seinem Historienepos „Königreich der Himmel", das 1187 zeitlich kurz vor der Handlung von „Nathan der Weise" angesiedelt ist und Lessings Toleranzideen aufgreift, ähnliche Kritik. US-Hardliner unterstellten dem britischen Regisseur die Vermittlung von Osama Bin Ladens Geschichtsbild und fanatische Islamisten Kreuzzugspropaganda im Sinne George W. Bushs.

Denn spätestens seit dem 11. September 2001 steht der „Orient" ja erneut im Mittelpunkt medialen Interesses. Alle in Mays Romanen beschriebenen ethnischen und religiösen Gruppierungen, z.B. Chaldäer oder die kurdische yezidische Minderheit im Nordirak, sind damals wie heute in die Konflikte der Region verstrickt. Mediale Interpretationen von politischen und ethnischen Auseinandersetzungen im Irak oder der Region Darfur, die sich lediglich durch den Einsatz modernerer Waffen von Mays Schilderung in seinem Orient-Zyklus oder den Sudan-Romanen unterscheiden, vermitteln eindringlich die Aktualität seiner Texte. Im Unterschied zu deren Entstehungszeit haben die dort beschriebenen Völker und Religionsgemeinschaften ihren „exotischen" Status inzwischen verloren. So leben in Deutschland inzwischen weit über eine halbe Million Kurden, davon allein über 60000 Yezidi.

Umso notwendiger ist es, Mays noch immer weit verbreitete Stereotype mit der alltäglichen Realität im Nahen Osten, aber auch Lebenswelten von Menschen aus diesem Kulturraum in Deutschland zu vergleichen. Seine Romane vermitteln einer Millionenleserschaft Informationen zum Islam, die sich in dieser Breite und Ausführlichkeit bei keinem anderen vergleichbar populären Autor von Unterhaltungsliteratur finden. Welcher einfache US-Marine im Irakeinsatz kannte schon den Unterschied zwischen Sunniten und Schiiten – eine im Ernstfall lebensrettende Information, die Generationen deutscher Leser nach dem Genuss des Buches „Von Bagdad nach Stambul" geläufig war? Darin beschreibt May die zwei wichtigsten Strömungen im Islam, unter deren Konflikten auch seine Protagonisten leiden. Dass die über vier Buchseiten geschilderten Zusammenhänge nicht nur Auswirkungen auf das Schicksal Kara Ben Nemsis und Hadschi Halefs, sondern auf das Weltgeschehen zu Beginn des dritten Jahrtausends haben sollten, konnte May nicht ahnen.

Die Behauptung des alten May, sein ganzes Werk ziele von Beginn an auf das „Empor ins Reich der Edelmenschen!" ist eine rückwärtsgewandte Illusion. Allerdings war ihm eine Aussöhnung von Orient und Okzident im Sinne Lessings oder Goethes tatsächlich schon in den großen Reiserzählungen ein Anliegen. Im Spätwerk tritt das dort noch mit abenteuerlich-exotischen Arabesken Verzierte dann offen zu Tage.

„Ich bin wirklich Old Shatterhand resp. Kara Ben Nemsi"
Wenige skandalträchtige Phänomene an dem daran gewiss nicht armen Leben Karl Mays haben Leser und Forschung so bewegt wie die sogenannte „Old Shatterhand-Legende". Die Fama, dass Dr. Karl May, alias Old Shatterhand, alias Kara Ben Nemsi, alle in seinen Romanen geschilderten Abenteuer vor Ort erlebt habe, setzt in dieser extremen Ausprägung – die Anzeichen mehrten sich schon in redaktionellen Beiträgen des „Hausschatz" – endgültig mit dem explosionsartigen Erfolg der grünen Fehsenfeld-Bände ab 1892 ein.

Mit fortschreitender Popularität glaubte der Autor wahrscheinlich irgendwann selbst an das, was er in hunderten von Briefen und auf Lesereisen, die Konzerttourneen moderner Stars ähneln, einer euphorisierten Anhängerschaft suggeriert.

Die Stilisierung zum Superhelden und Autor in einem, die Ende der Achtzigerjahre einsetzt, erreicht 1894 ihre endgültige Ausprägung. Anhand unzähliger nachgelassener Schriften, Eigen- und Fremdbeiträge lässt sich diese Entwicklung nachvollziehen. Ein Brief an den Stuttgarter Professor Gustav Jäger vom 9. August 1894 fasst Mays Statements zusammen: „Ich habe jene Länder wirklich bereist und spreche die Sprachen der betreffenden Völker. [...] Die Gestalten, die ich bringe (Hadschi Halef Omar, Winnetou, Old Firehand etc.) haben gelebt oder leben noch und waren meine Freunde. [...] Kurz, ich bin wirklich Old Shatterhand und Kara Ben Nemsi."

Im Jahr darauf lässt er wichtige Insignien der Old-Shatterhand-Legende, nach deren Schicksal sich seine Leser immer wieder erkundigen, anfertigen: Die „berühmtesten Gewehre des Westens". Im Dezember 1894 bestellt er unter Geheimhaltungsklausel bei dem jungen Dresdner Büchsenmacher Oskar Max Fuchs eine „Silberbüchse" und einen „Bärentöter", die ab März 1895 die „Villa Shatterhand" zieren. Mays üppiges Honorar – oder besser Schweigegeld – erlaubt es Fuchs, ein eigenes Geschäft zu gründen. 1902 verkauft er May noch eine sechzehnschüssige Winchester 1866, die fortan als der angeblich fünfundzwanzigschüssige Henrystutzen fungiert. Damit ist die Armierung des vorgeblichen Präriehelden in Phantasie und Realität komplett.

Dass der Autor Karl May und seine literarische Erfindung Old Shatterhand bis in biographische Details eins sind, konnte der aufmerksame Leser bereits dem 1894 erschienenen ersten „Old Surehand"-Band entnehmen. Nach Klagen des ob seines unverdienten Schicksals vom Glauben abgefallenen Titelhelden weist ihn der Ich-Erzähler mit Geschichten aus seinem

natürlich viel härteren Leben incl. Mayscher Blindheitsle-
gende, Märchengroßmutter und frommer Schwester zurecht.
Mit steigender Popularität sinkt in den Neunzigerjahren
Mays schriftstellerische Produktivität. Die freiwerdende
Energie fließt jetzt in eine moderne PR-Kampagne. Da z. B.
die tagtäglich stößeweise eingehenden Fanpost kaum noch zu
bewältigen ist, versendet man vorgedruckte Karten, die der
Legende vom fahrenden Abenteurer weiter Vorschub leisten:
„Ihre w. Zuschrift kann leider nicht von meinem Manne be-
antwortet werden, weil er gegenwärtig auf einer Reise um die
Erde von hier abwesend ist. Hochachtungsvoll Emma May."
Die dann auch gleich unterschreibt.

In einem Brief vom 2. November 1894 klärt May einem
jugendlichen Fan über sein Sprachgenie auf: „Ich spreche und
schreibe: Französisch, englisch, italienisch, spanisch, grie-
chisch, lateinisch, hebräisch, rumänisch, arabisch 6 Dialekte,
persisch, kurdisch 2 Dialekte, chinesisch 2 Dialekte, maley-
isch, Namaqua, einige Sunda-Idiome, Suaheli, Hindostanisch,
türkisch und die Indianersprachen der Sioux, Apachen, Komantschen, Snakes, Uthas, Kiowas nebst dem Ketschumany 3
südamerikanische Dialekte, lappländisch will ich nicht mit-
zählen."

Damit an dem de facto Reportage-Charakter seiner Bücher
kein Zweifel aufkommt, heißen die bei Fehsenfeld erscheinenden „Grünen Bände" auf Mays Wunsch ab 1896 fortan
nicht mehr „Reiseromane", sondern „Reiseerzählungen". So
kann er einem Düsseldorfer Leser im April des Folgejahres
mitteilen, dass „das Titelwort ‚Reiseromane' […] jetzt in ‚Reiseerzählungen' umgeändert" wurde. Denn: „Ich bin wirklich
Old Shatterhand resp. Kara Ben Nemsi und habe erlebt, was
ich erzähle."

Seit der zweiten Jahreshälfte 1896 steht es dann endgültig fest: Dr. Karl May ist Old Shatterhand ist Kara Ben Nemsi. In der letzten September- bzw. ersten Oktobernummer des „Deutschen Hausschatz" beseitigt der Vielbewunderte in einer zweiteiligen Homestory unter dem Titel „Freuden und Leiden eines Vielgelesenen" auch den letzten Zweifel daran. Besonders begeistern die Leser eine Fotostrecke, zu der die Redaktion anmerkt: „Herr Dr. Karl May ist dem Drängen so vieler seiner Verehrer endlich nachgekommen und hat eine Reihe von photographischen Aufnahmen anfertigen lassen, die nicht allein zeigen, ‚wie er aussieht' – was so viele Leser und nicht wenige – Leserinnen so brennend gern gewußt hätten […]. Die Abbildungen […] zeigen ihn uns als Old Shatterhand und Kara Ben Nemsi, also in zwei Gestalten, die den Lesern seit Jahren vertraut sind. Das Kostüm ist dasselbe, wie Karl May es auf seinen Reisen getragen hat."

Die Produktion von Starfotos, die hier neben Bildern der „Villa Shatterhand" gezeigt werden, erweist sich als gelungener, finanziell einträglicher Werbecoup. Im Sommer 1896 schießt der Linzer Amateurfotograf und Karl-May-Fan Alois Schießer anlässlich eines Dresdenbesuchs 101 Aufnahmen von seinem Idol, deren Negativplatten der gleichfalls in Linz beheimatete professionelle Fotograf Adolf Nunwarz erwirbt. Fortan konnte man über seinen Verlag vom Autor signierte „Photographieen des berühmten und beliebten Reiseschriftstellers Dr. Karl May" erwerben. Zur Auswahl stehen u.a. „Dr. Karl May als Old Shatterhand. Brustbild. […] Stehfigur mit Silberbüchse und Fell des Präriewolfes" oder „Kara Ben Nemsi. Brustbild." Aus heutiger Perspektive wirken die Aufnahmen peinlich. Der 1,65 Meter kleine May versinkt schulterlos in viel zu großen Karnevalskostümen. Damals stört das niemanden. Die Fotos finden reißenden Absatz und werden ab „Old Surehand III" 1896 auch in den Vorsatz der „Reiseerzählungen" übernommen. 1902, nach dem Bruch mit der Old-Shatterhand-Legende, werden Karl May und Adolf Nunwarz die Originalplatten gemeinsam in der Donau bei Linz versenken.

Doch in der zweiten Hälfte der Neunzigerjahre nehmen Mays Selbstinszenierungen immer bizarrere Züge an. So fordert er brieflich jene, die immer noch an seiner Identität als geschundener Westläufer zweifeln, dazu auf, „die Narben [...], welche meinen Körper bedecken!" zu besichtigen. Den übrigen zeigt er sie ungefragt. Denn die tagtäglich eingehende Fanpost genügt dem im Rausch der Shatterhand-Legende triumphierenden May jetzt nicht mehr. Er genießt das Bad in der Menge, die man nicht lange zu bitten brauchte, wenn ihr Idol auftaucht. Die zeitgenössischen Schilderungen erinnern an Berichte der aktuellen Boulevardpresse über kreischende Teenies vor Hotels, in denen ihre Idole abgestiegen sind. Da es noch keine Internetwerbung gibt, bittet man z.B. am 28. März 1898 auf Plakaten „die jungen Freunde" Mays zu einer Audienz ihres Halbgottes in den Grünen Saal des Augustiner-Wagnerbräu in München. Die Lokalität wird aus diesem Anlass mit Panter- und Tigerfellen, Gewehren und Pfeilköchern exotisch ausstaffiert. Rund um den Schreibtisch Mays drapiert man die bis heute der „Augustiner Hell"-Banderole farbverwandten Bände. Rückblickend erinnert sich ein Lehrer: „Ganze Ströme von Schülern ergossen sich [...], auf den Vorplätzen und Treppen wimmelte es von erregten Jünglingen. Truppweise empfing sie der Gewaltige [...]. Mit leuchtenden Augen kamen sie auf der Rückseite wieder heraus. […] Natürlich waren Schulschwänzer die schwere Menge dabei." Nach ausführlichen Exkursen zu Reise und Bewaffnung hat er „schließlich […] seinen Rock ausgezogen, die Ärmel hinaufgestreift und ihnen wilde Wundnarben gezeigt, die er im Apachenfeldzug erhalten habe." Solche Szenen wiederholen sich in ganz Deutschland. Doch was bewegte die Leser Mays zu ihren stürmischen Beifallsbekundungen? Ein wesentlicher Faktor für den Erfolg ist das Autoren-Ich.

Das Wörtchen „Ich" ist der zentrale Begriff in der Welt des Karl May. Lebenslang ist kein Mensch für ihn so wichtig wie Karl May. Seine berühmtesten Romane verfasst er in der Ich-Form, behauptet Old Shatterhand und Kara Ben Nemsi in Persona zu sein.

Seine Selbstperformance, die erfundene Biographie, ähnelt den Inszenierungsstrategien moderner Medienstars. Sein Größenwahn bewegte sich in den Dimensionen eines Michael Jackson. Der „King of Pop" sah sich wie May als unfertiger Mensch. Er ist ein Peter Pan-Komplexgetriebener mit erstaunlichen Parallelen zum Winnetou-Erfinder. Dazu gehört bei beiden die, für die spätere Entwicklung ausschlaggebende, unglückliche Kindheit mit einem den Zögling zum Erfolg prügelnden cholerisch-brutalen Vater. Was Michael Jackson seine „Neverland"-Ranch, ein monströses Spielzimmer, war Karl May seine „Villa Shatterhand" mit seinem Sammelsurium von Ethnographika und Waffen, den Utensilien vorgeblicher Abenteuer. Tief verwurzelte narzisstische Störungen trieben den deutschen und den amerikanischen Popstar in den Untergang, zu dem in beiden Fällen eine Prozesslawine mit den bizarrsten Anschuldigungen entscheidend beitrug. Beide erlebten kurz vor ihrem Tod ein erstaunliches, ihrem übersteigerten Ego einen letzten rauschhaften Auftrieb bescherendes Comeback, dem ihre zerstörten Körper nicht mehr gewachsen waren. Regelrecht antiquiert wirkt aus aktueller Perspektive Mays Zurückhaltung gegenüber seiner kriminellen Vergangenheit. Scham spielte dabei wohl die geringste Rolle. Jemand, der im körperfeindlichen 19. Jahrhundert vor Gymnasiasten ungefragt seinen Oberkörper zwecks Präsentation angeblicher Kampfesnarben entblößt, besitzt davon etwa so viel wie eine Containerbewohnerin der TV-Produktion „Big Brother" unter der Dusche. Die Angst vor Bekanntwerden seiner Haftstrafen war dem zeithistorischen Kontext geschuldet; damals war noch schädlich, was inzwischen in Medienformaten wie „Deutschland sucht den Superstar" eher der Publicity dient.

Das Maysche „Ich" fungiert als Umschreibung für die Welt, zu deren Bewohnern es die Leser werden lässt. In diesem Phantasiekosmos ist man vor der Realität geschützt. Nicht nur der Autor selbst, sondern ganze Lesergenerationen flüchteten sich in ein Winnetou- oder Hadschi-Halef-Omar-Universum, wo ihr gequältes, gedemütigtes Ego als Old Shatterhand über Exponenten einer hartherzigen Umwelt, gleich ob Richter oder Gymnasialprofessor, triumphieren. Dieses „Ich" fühlt sich im Llano Estacado oder in der Sahara heimischer als in Radebeul, Bonn oder Castrop-Rauxel.

Es führte nicht nur zur in sich geschlossenen umfänglichsten Erzählung deutscher Sprache, sondern ist zugleich Programm eines Werkes, das es ohne dieses „Ich" nicht gäbe. May muss die mythische Wucht dieses, wie er ironisch bemerkt, „kleinen Wörtchens" gespürt haben. Bis heute so populäre Erzählungen für die Jugend wie „Der Schatz im Silbersee" sind in der dritten Person verfasst, um Wilhelminische

Gymnasiasten nicht zur Nachahmung einzuladen. Das blieb angesichts des Suchtpotenzials, des Verlangens, alles unter dem Namen May Erschienene zu lesen, ganz gleich, ob in der ersten oder dritten Person verfasst, ein frommer Wunsch. In der Regel erwies sich die pädagogische Anstrengung des Mannes, der der „Lehrer seiner Leser" sein wollte, bei seinem jugendlichen Publikum als vergeblich: Wer wie der Augsburger Gymnasiast Eugen Berthold Friedrich Brecht erst einmal an der Seite Old Shatterhands in der dritten Person dem „Geist des Llano Estacado" Bloody Fox im Kampf gegen weiße Banditen hilft, muss diesem sympathischen Rächer schließlich auch als „Ich"-Erzähler Old Shatterhand in „Old Surehand" gegen skalphungrige Komantschen beistehen. Inzwischen verweist der Karl-May-Verlag in einem redaktionellen Anhang zum „Schatz im Silbersee" sogar auf diese inhaltlichen Zusammenhänge.

Warum ist aber der Wilde Westen über die bereits genannten Gründe hinaus gerade für das deutsche „Ich" so interessant? Einerseits kann mit diesem Handlungsort ein um den Aufstieg in die „gute Gesellschaft" ringender Autor wie May den drängenden Fragen der von sozialen Konflikten gebeutelten Heimat unverfänglich ausweichen. Das heldische „Ich", mit dem sich der Leser bei Karl May identifiziert, weicht andererseits in seinen Superman-Träumen dem direkten Konflikt mit dem Vorgesetzten aus und konditioniert seine Anpassungsfähigkeit an politisch bedrückende Verhältnisse.

Aufschluss über die Spezifik der Mayschen „Ich"-Konstruktion und seinen Mythenkosmos bieten Vergleiche zum klassischen US-Western. Bei Nordamerika-Romanen wie „Der Ölprinz" oder „Old Surehand" und US-Western vom Klassikerschlag eines John Ford wie „The Searchers" – in Deutschland als „Der schwarze Falke" bekannt – oder „She Wore a Yellow Ribbon" bzw. „Der Teufelshauptmann" fallen zunächst die Gemeinsamkeiten ins Auge.

Beide Gruppen – in Folge kurz „Winnetou"-Romane und Western – teilen sich Handlungszeit, den Ort des Geschehens und ein bestimmtes Reservoir an Protagonisten wie Indianer, Trapper oder Scouts. Abgesehen von den Früh- bzw. Spätwestern spielen sie in der Regel in der zweiten Hälfte des 19. Jahrhunderts in den Prärien und Felsengebirgen des amerikanischen Westens. Zentrales Thema der US-Sagas ist dessen Besiedelung und die damit verbundene Auseinandersetzung mit der feindlichen Natur und den Menschen. Diese Western sind die mediale Interpretation des politischen und ökonomischen Programms von Horace Greeleys „Go West!". Mays Romane entstanden vor dem Hintergrund riesiger Migrationsschübe aus Europa, insbesondere aus Deutschland nach der Achtundvierziger Revolution.

Aber darin erschöpfen sich die Gemeinsamkeiten schon fast. Die Kluft zwischen Mythos und Realgeschichte klafft bei May wesentlich tiefer als im US-Western. Seine Geschichten sagen uns viel mehr über deutsche als über amerikanische Befindlichkeiten, die ja May im Unterschied zu den US-Autoren oder Regisseuren gar nicht vertraut waren. Mythen beruhen auf Erzählungen aus einer vorgeschichtlichen, nicht genau datierbaren Epoche. Im Grunde ist hier schon das Potenzial Mayscher Erzählungen angelegt. Der historische Hintergrund seiner Wildwest- oder Orient-Abenteuer bleibt zumeist verschwommen. Damit ähneln sie dem Odysseus-, Nibelungen- oder Artusmythos, deren tatsächlicher Tatsachenkontext, z.B. antike oder frühmittelalterliche Völkerwanderung, zwar inzwischen bekannt ist, aber für die eigentliche Erzählung kaum eine Rolle spielt. Wiederholt, etwa beim Anblick des kämpfenden Old Firehand, vergleicht der „Ich"-Erzähler seine Helden mit Gestalten aus den deutschen Heldensagen, die seinem Lesepublikum von Kindheit an vertraut sind. Wie Homer oder Sir Thomas Malory schert sich der sächsische Phantast nicht um Datierungen. Das bringt die Chronisten unter seinen Fans, die die zeitliche Abfolge der Abenteuer seiner Alter Egos rekonstruieren wollen, seit jeher zur Verzweiflung. Denn wie kann es sein, dass der „Ich"-Erzähler gleichzeitig als Old Shatterhand gegen Indianer und als Kara Ben Nemsi gegen Beduinen kämpft?

Dem verkaufsfördernden Mythos kommt solch vage Unbestimmtheit eher entgegen. „Winnetou" ist kein Tatsachenroman über die Apatschenguerilla, sondern eine faszinierende Sage, die den alle großen Mythen der Welt einenden Monomythos eine weitere, ausgesprochen deutsche, Variante um den kulturstiftenden Heros Old Shatterhand hinzufügt. Damit vermag sich der damals entstehende Mythos beim jugendlichen Leser des ausgehenden 19. Jahrhunderts gegen die Konkurrenz der herkömmlichen großen Erzählungen wie der Ilias oder dem Nibelungenlied durchzusetzen. Da die Überlebensfähigkeit eines Mythos vor allem von seiner Kompatibilität und Übersetzungsmöglichkeit in möglichst viele andere neue Medien abhängt, teilt der Shatterhand-Mythos beim Aufkommen der transatlantisch-globalen Mythen wie „Star Wars" im letzten Drittel des 20. Jahrhunderts wiederum das Schicksal der bildungsbürgerlich unterfütterten Mythen des Wilhelminismus. Trotz der Raumgleiter, Droiden und Laserwaffen behauptet das erfolgreichste Weltraummärchen aller Zeiten, „vor langer Zeit in einer weit, weit entfernten Galaxis" zu spielen. In „Star Wars" wimmelt es nur scheinbar anachronistisch neben modernster Technik von Trollen, Geistern, Prinzessinnen und dunklen Zauberern. Wie diese Saga um den ödipalen Konflikt Skywalkers mit Darth Vader umschreibt auch der Karl-May-Kosmos um die Abenteuer Shatterhands in Nordamerika ein „illo tempore", ein zeitloses Universum.

Im Unterschied zu klassischen amerikanischen Western wie John Fords Kavallerietrilogie kann man „Winnetou I" oder „Der Ölprinz" viel schwerer in der Realhistorie verorten. Natürlich stößt man auch da auf Anknüpfungspunkte wie den Bürgerkrieg oder den Bau der großen interkontinentalen Eisenbahnlinien. Doch davon abgesehen hat es einen bei Karl May geschilderten wilden Westen nie gegeben. Die Konflikte, in die die Helden im klassischen US-Western als Sheriff, Rancher, Revolverheld oder Kavallerieoffizier verwickelt sind, kommen gar nicht, oder – wie die Strafexpedition der Armee gegen die Komantschen in „Old Surehand" – nur vereinzelt vor. Dass es bei Karl May keine zwielichtigen Saloon-Schönheiten gibt, bedarf da kaum noch der Erwähnung. Selbst der an die Odyssee gemahnende Überwestern „Der schwarze Falke" vermittelt trotz – und natürlich auch wegen – dieser mythischen Dimension ein realistischeres Bild des Westens als Mays „Der Schatz im Silbersee". Ein dem Ehrenkodex nach Gralsrittervorbild verpflichteter weißer Jäger wäre in der schmutzigen Realität der Ausrottungsfeldzüge gegen die letzten freien Indianer ebenso wenig überlebensfähig gewesen wie ein als Sioux verkleideter Apatschenhäuptling mit Vorlieben für Longfellows Gedichte und deutsches Bier. Doch gerade diese gewaltige Märchenschöpfung eskapistischer Träume machte die Karl-May-Romane in Deutschland fast ein Jahrhundert lang dermaßen erfolgreich.

Der Weg des Helden

Old Shatterhand ist ein klassischer Sagenheros, wie ihn die Menschheit verschiedener Kulturkreise seit der Antike hervorbringt. Und so beschreitet der Auswanderer aus Deutschland zum Vergnügen der Leser von „Winnetou I" den vorgezeichneten Weg, den vor ihm Buddha, Siegfried oder Parzival und nach ihm Luke Skywalker als Held der Weltraum-Oper „Star Wars" einschlagen. Der Ruf zum Westmann ereilt den jugendlichen Helden in St. Louis, wo er als junger deutscher Hauslehrer ein erträgliches Einkommen gefunden hat. Als er zögert und sich der Berufung verweigern will, bestärkt ihn ein übernatürlich anmutendes, zwergenhaftes Wesen in dem Entschluss, sein Leben grundlegend zu ändern. Es handelt sich um eine Art wandelnder Fliegenpilz und Chef eines Westmannstrios namens Sam Hawkens. Er ähnelt dem kleinwüchsigen Yoda, der in „Star Wars" die Mentorenrolle bei Luke Skywalker übernimmt. Kann sich der Jedi-Meister trotz kosmischen Alters immer noch nicht grammatikalisch richtig artikulieren, bekräftigt Hawkens seine Meinung zumeist mit einem „Wenn ich mich nicht irre" und irrem Kichern.

Als ein weiterer hilfreicher alter Mann aller menschlichen Monomythen fungiert der grämliche Büchsenmacher Henry, der dem Jungmann vor dem Auszug ins Abenteuer zunächst den Bärentöter schenkt. Dieser Maysche Mime – immerhin ein kleiner, miesepetriger „Gunsmith", also Büchsenschmied – überreicht dem nach diversen Initiationsriten zum Helden Gereiften zu Beginn von „Winnetou II" mit dem Henrystutzen eine ähnlich sagenumwobene Waffe wie Skywalkers Lichtschwert oder das vom Vater verheißene Schwert Nothung Siegmunds. Henry lässt sich auch als ein anglisierter Heinrich May, also verschlüsselte Vaterfigur des Autors lesen. Am

Ende der Winnetou-Trilogie versinkt anstatt der Nibelungen-der Apatschenhort, der der Schwester und dem Vater Winnetous den Tod brachte, für immer in den Fluten und reißt deren Mörder mit in die Tiefe. Es war kein Zufall, dass sich der Regisseur der Karl-May-Filme, Harald Reinl, auf dem Höhepunkt der Winnetou-Filmwelle auch des Siegfriedstoffes als einem anderen wirkungsmächtigen Nationalmythos annahm.

Doch zunächst obliegen dem zukünftigen Shatterhand zahlreiche Prüfungen, bei denen er anstatt Lindwurm oder intergalaktischem Schurken Grizzlybär und Rothaut überwindet.

Führt beim „Parzival" der Weg des Helden vom „tumben Tor" zum Gralskönig, so wird dem in der „Ich"-Form berichtenden Ex-Greenhorn Charley bald der Kriegsname Old Shatterhand, der seinen alten Lehrer längst überrundet hat, verliehen. Und selbstverständlich lernt man als Prärie- oder Weltraumprinz auch eine wunderbare Prinzessin, Nschotschi oder Leia, kennen. Die wird aber von einem dunklen Schurken wie Santer ermordet oder entpuppt sich als eigene Schwester des darob frustrierten Wanderers. Das erfüllt durchaus seinen Zweck: So steht sie der historischen Mission des Helden fortan nicht mehr im Wege.

In den – von der inhaltlichen Abfolge, nicht vom Entstehungsjahr her – Fortsetzungsbänden der großen Old-Shatterhand-Saga wie „Winnetou II" oder „Der Schatz im Silbersee" versammelt sich die „Gemeinschaft der Westmänner" wie in Tolkiens „The Fellowship of the Ring" nach dem Schneeballprinzip. Wie die Ritter der Tafelrunde oder die Nibelungen bilden sie eine Wertegemeinschaft mit einem festen Ehrenkodex. Allein dessen Struktur ist dazu angetan, diese Westmänner im deutschsprachigen Raum zu mythischen

Gestalten werden zu lassen. Im Mittelpunkt steht das personifizierte „Über-Ich" Old Shatterhand. In der autoritätshörigen deutschen Gesellschaft bis 1968 bietet dieser Mix aus Oberlehrer, Pfarrer, Fußballtrainer und Unteroffizier jedem Leser ein aus seiner Lebenswelt bekanntes Identitätspotenzial. Exponenten der genannten sozialen Gruppen quälen im Laufe ihres Lebens denjenigen, der vom Ende der Lateinstunde, der Christenlehre, des stumpfen Kasernenhofdrills oder von Abstrafung des entsprechenden Peinigers, gleichzeitig aber der Erreichung einer so privilegierten Position träumt.

Reisen, Spätwerk und Prozesse
1900–1912

Ein Gewitter zieht auf

Zu den verbreitetsten Vorurteilen über Karl May gehört, dass
er nie an den Schauplätzen seiner Romane, dem Wilden Westen und dem Orient, war; dass „Old Surehand" oder „Durch
die Wüste" reine Phantasieprodukte eines ebenso geltungs-
süchtigen wie fabulierfreudigen Armchairtravellers sind. Was
ist dran an diesen Vorwürfen?

Jahrzehntelang versuchten lordsiegelbewahrende Anhänger des Old Shatterhand-Mythos sogar nachzuweisen, dass es
doch Frühreisen gegeben haben könnte. Inzwischen steht es
aber unumstößlich fest: Zum Zeitpunkt des Erscheinens seiner populärsten Werke ist Karl May nie über die Grenzen der
alten Welt, ja nicht einmal Mitteleuropas hinausgekommen.
Und um es vorwegzunehmen: Die Apacheria oder der Yellowstone-Nationalpark, der Maghreb oder das „Wilde Kurdistan" sollten auch später nie von dem Mann, der diese Regionen seinen Lesern so anschaulich näherbrachte, betreten werden.

Und doch war er im Orient und in den USA – allerdings
erst nach 1899 und nur auf ausgetretenen touristischen Pfa-
den. Reiselustig war May seit jeher, Tagträume von fremden
Welten halfen ihm über die Fährnisse des Gefängnislebens
und trister Redakteurstätigkeit. Zunächst führen ihn aber
Werbereisen für Münchmeyers Verlagsprodukte höchstens
einmal ins Ruhrgebiet oder nach Berlin. An mehr war – nicht
zuletzt wegen eines ausstehenden Reisepasses – nicht zu

denken. Vor allem aber fehlt es ihm damals lange am dafür notwendigen Kleingeld. Als sich dieses Problem mit dem Erfolg der „Grünen Bände" ab 1892 nahezu über Nacht löst, entfaltet May eine regelrecht hektische Reisetätigkeit. Diese führt ihn neben diversen Urlauben und Kuraufenthalten vor allem zu Besuchen bei seinen Verehrern. Bei solchen Anlässen wie in den Hunderten Briefen der Fanpost tauchen zwangsläufig immer wieder gezielte und detaillierte Fragen nach realen Schauplätzen seiner Erzählungen und den aktuellen Reiseplänen dahin auf. Zudem machen sich in den in der zweiten Hälfte der Neunziger entstandenen Werken wie „Old Surehand III" oder den ersten beiden Bänden von „Im Reiche des silbernen Löwen" inhaltlich Ermüdungserscheinungen bemerkbar. Das ewige Muster der Variation von Beschleichen und Verfolgen, Gefangennehmen, Befreien und Bestrafen war selbst für einen Karl May irgendwann ausgereizt. Hatte er es doch an nahezu allen bekannten exotischen Orten samt einschlägigem Personal in entsprechender Kostümierung und Armierung durchgespielt.

Mit einer großen Reise kann er also zwei Fliegen mit einer Klappe schlagen: Er dokumentiert seinen Hunderttausenden Anhängern die immer wieder bekundete Weltläufigkeit und schöpft gleichzeitig Impressionen – May nannte es „Sujets" – für zukünftige Werke. Dass er damit eine innere Wende vollziehen wird, die sein Spätwerk in den Kanon deutscher Literatur erhebt, kann er noch nicht wissen.

Für das breite Publikum gibt er am Ende des 19. Jahrhunderts noch immer den erfahrenen Westmann und Morgenlandfahrer. So teilt er der damals dreizehnjährigen späteren Kitschautorin Ina Seidel am 9. Januar 1899 mit, dass er „in einigen Tagen [...] nach Arabien zu meinem lieben Hadschi

Halef Omar" reisen wird. Doch schon am 10. Januar ziehen dunkle Wolken auf. Das „Aschaffenburger Intelligenzblatt" berichtet über das „jugendliche Diebeskonsortium der Stadt": „Die unmittelbare Veranlassung zu den Bubenthaten sollen die Phantastereien Carl May's sein, der hier eine Verehrung genießen soll, die fast an seinen eigenen Geisteszustand grenzt." Und schon am 11. Januar stimmt die „Neue Würzburger Zeitung" ein: „Es sind begeisterte Leser der Karl May'schen Reisegeschichten, die des Meisters Fabeleien in eine [….] unangenehm gewordene Praxis umgesetzt haben." Und eine Woche später betitelt die „Aschaffenburger Zeitung" einen Bericht über die Straftäter mit „Die Jünger Karl May's".

Das alles war völlig aus der Luft gegriffen, eine Zeitungsente. Keiner der Delinquenten berief sich in irgendeiner Form auf den „Winnetou"-Autor, dessen Werk in den eigentlichen Verhandlungen nicht einmal zur Sprache kam. Es ist ein Vorgang, der sich bei neuen, gerade von der Jugend begeistert angenommenen Medien seitens selbsternannter Jugendschützer stets wiederholt. Verdarb einst die Karl-May-Lektüre Sitte und Moral, so sind es Jahrzehnte später Abenteuerheftchen, Comics und übermäßiger TV-Serienkonsum. Inzwischen ist man bei Computerspielen angelangt.

Doch Anfang 1899 steht die katholische Presse noch auf der Seite des bislang von ihr gehätschelten Autors. So bestreitet der „Beobachter am Main" am selben Tag solche Vorwürfe und betont, dass May „sehr moralische Tendenzen" verfolge und den „christlichen Ideen wie Gottvertrauen, Nächstenliebe und Barmherzigkeit auch gegen Feinde" diene. Warb doch Fehsenfeld 1895, auf dem Höhepunkt der Shatterhand-Legende, mit „Empfehlende(n) Worten Deutscher Bischöfe über Karl May's gesammelte Reiseerzählungen." Laut „sn. Bischöf-

liche Gnaden, Herr Dr. Franz Josef Stein, Bischof von Würzburg [...] am 9. Dez. 1894" verdienen sie „frei von allem sitt-
lich Bedenklichen [...] einen Platz in dem Hause der christlichen Familie". Nicht einmal ein Jahrzehnt später werden gerade katholische Würdenträger dem Autor einen Platz mehrere Etagen tiefer wünschen, wo mit seinen brikettförmigen
Werken kräftig das Fegefeuer geschürt wird.

Als wäre das nicht genug, braut sich in jenem Frühjahr
1899 an einer zweiten Front nachhaltiges Unheil zusammen.
Pauline Münchmeyer, die Witwe des 1892 in Davos verstorbenen Kolportageverlegers, verkaufte den Verlag für 175 000
Mark an den ehemaligen Möbelhändler und jetzigen Leipziger Verlagsbuchhändler Adalbert Fischer. Der wittert das Geschäft mit den ehemals schon so erfolgreichen Kolportageromanen wie „Das Waldröschen" des inzwischen berühmten
Autors. Gegenüber dessen eventuellen Ansprüchen – May
glaubte, die Rechte wären längst an ihn zurückgefallen – hatte
er ein probates Druckmittel in der Hand: Durch einen früheren Nachbarn und Kegelbruder Mays, Moritz Lilie, wusste
Fischer von den Vorstrafen des angeblich moralisch unbe-
scholtenen Autors. So wird der sich bis 1907 hinziehende
Streit um die Rechtmäßigkeit der Fischerschen Nachdrucke
und dessen jahrelangen Nachwirkungen zu einem massiven
Sargnagel Mays.

Momentan, in den ersten Monaten des Jahres 1899, hat er
aber ganz andere Sorgen. Er will, möglichst vor der Abreise in
den Orient und vor Anbruch des 20. Jahrhunderts, noch
schnell den Weltfrieden retten. Dabei knüpft er große Erwartungen an seinen neuen Roman, den 25. und damit „Jubiläumsband" der Fehsenfeld-Ausgabe. In den ausgehenden
Neunzigern genügt May der bloße Starkult mit Autogramm-

karten und Fanclubs nicht mehr; es zieht ihn zu Höherem. Die Shatterhand-Legende, die er immer noch aufrechterhält, tritt in den Hintergrund, sie ist ausgereizt und vermittelt kaum noch neue Impulse. Endgültig verabschieden sollte er sich erst während der Orient-Reise von ihr. So reitet ihn bei diversen Abschiedsbriefen in der ersten Märzhälfte noch der alte Teufel: „Ich gehe zunächst zu Hadschi Halef, dann nach Persien, Indien, China, Amerika zu meinen Apatschen." Und man müsse natürlich um ihn bangen, denn so eine Tour birgt ja die einschlägig bekannten Risiken und Nebenwirkungen. Da ihm „sehr leicht etwas Menschliches passieren kann", hat er diesmal sogar sein „Testament gemacht".

Friedensinitiative mit Sissi?
Doch im Mittelpunkt steht inzwischen die Inszenierung eines so nie vorhandenen Lebensplanes, die angeblich jahrzehntelange Vorbereitung der Leser auf eine Literatur von, über und für Edelmenschen. In diesem Sinne schreibt er am 2. März 1899 über „Am Jenseits" an seinen Verleger Fehsenfeld: „Dieser Jubiläumsband ist, wie Sie auch lesen werden, derjenige, auf welchen alle andern zugespitzt waren, das eigentliche Ziel meines literarischen Strebens." Denn ein großer Mann stirbt nicht vor Vollendung seiner historischen Mission. Zwei Tage später verrät er seinem Brieffreund Emil Seyler, einem Deidesheimer Weingutbesitzer: „Ich war an den Königl. Hof nach München zu Besprechungen berufen, welche sich auf den Hauptgedanken meines Lebens und Wirkens beziehen, an dessen Veröffentlichung ich nun endlich – Gott sei Dank – angelangt bin." Und jetzt lässt er die Katze aus dem Sack: Nachdem Kara Ben Nemsi und Old Shatterhand bislang lediglich regional begrenzte Konflikte schlichteten, ruft nun die

ganz große, die Weltpolitik. „Der Zar hat einen Vorschlag zu einer Abrüstungs- und Friedensconferenz erlassen; er wird nichts erreichen. Dein Charley erlässt nun aber einen weithin schallenden Ruf zu einer andern Friedenskonferenz, welche den Zweck hat, der am tödlichen Unglauben schwer darniederliegenden Menschheit Hülfe zu bringen und den unter dem lieblosen Interessenkampfe Leidenden den Frieden zu bringen. Am Königl. Hofe zu München interessiert man sich mit Begeisterung für diese meine Idee, welcher der herrliche Erfolg sicher ist, wenn sie nicht von meinem armen Schreibtische sondern vom Throne ihren Ausgang nimmt und von den Inhabern fürstlicher Macht getragen und verbreitet wird. Ohne von diesem hohen Beifalle etwas zu ahnen, erhielt ich diese Einladung, der ich aber aus Mangel an Zeit nicht folgen kann."

Elf Tage später verkündet er auch Felix Krais, dem Stuttgarter Druckereiinhaber und „Erfinder" der „Grünen Bände", sowie Verleger Fehsenfeld seine Welterlösungsideen.

Danach wird „Am Jenseits" „eine große, tiefe und weitgehende sozial-ethische Bewegung" einleiten, „an deren Spitze sich der Königl. Hof von Bayern mit sämtlichen Gliedern des Wittelsbacher Hauses stellen wird. Sie sind Mitglieder meines Münchner May-Klubs geworden." Tatsächlich waren eine Reihe von Vertretern des bayerischen Herrscherhauses begeisterte May-Leser. So hatten ihm am 26. März 1898 Prinz Ludwig und Prinzessin Marie Therese auf Drängen ihrer Töchter Wiltrud, Helmtrud und Gundelinde eine Audienz im Wittelsbacher Palais gewährt. May fährt fort: Sie „werden gemerkt haben, dass Karl May jetzt beginnt, mit seinen eigentlichen Absichten herauszurücken. Es handelt sich um eine wohlvorbereitete großartige Bewegung auf religiös-ethischsozialem Gebiete, an deren Spitze sich der Königl. Hof in München mit allen Gliedern des Wittelsbacher Hauses stellen wird. [...] Des Kaisl. Hofes in Wien bin ich auch sicher." Der hatte, ähnlich den Wittelsbachern, dem „Winnetou"-Autor ein Jahr früher, am 23. Februar 1898, eine ausgiebige Audienz gewährt. Mit vielen Zeitgenossen damals wie heute teilt Karl May die Begeisterung für Österreichs Kaiserin Elisabeth, der legendären Sissi, die an seiner Lesung allerdings nicht teilnahm. Als sie am 10. September desselben Jahres 1898 ermordet wurde, sitzt May gerade über dem Manuskript für „Am Jenseits". Mit einem Trick schafft es der alte Routinier, einen anonymen Nachruf auf eine europäische Monarchin in einem unter Beduinen und persischen Soldaten spielenden Wüstenabenteuer unterzubringen. Sissi erscheint dem Münedschi, einem blinden Seher, einfach in einer seiner Visionen!

„Die Fürstin war ein liebes, heiteres Kind, welches mit frohen Augen in die verheißungsvolle Zukunft blickte; es waren ja alle Vorbedingungen irdischen Glückes vorhanden. Da aber griff die Staatskunst mit eiserner Faust in ihr bisher holdes Geschick. Man entriß sie den liebenden Eltern und Geschwistern und brachte sie, die sich vergeblich Sträubende, in ein fernes Land, zu einem fremden Volke, an die Seite eines Herrschers, dem nie ihr Herz gehören konnte. [...] Kalte Pflichten begannen, mit furchtbarer Last auf ihr warmes Herz, ihr weiches Gemüt zu drücken; nur schwer fand sie Atem für ihre nach Verständnis und Liebe verlangende Seele."

Es ist eine vergleichsweise realitätsnahe Einschätzung, die eher an die Zeichnung der Monarchin in Viscontis Ludwig-Film von 1972 oder das Musical „Elisabeth" von 1992 denn an den prachtvoll-verlogenen Kitsch der Sissi-Trilogie der Fünfziger von Ernst Marischka erinnert. Das Politikverständnis des Autors hat sich allerdings seit der Entstehungszeit der Kolportageromane wie „Der Weg zum Glück" um Sissis entfernten Verwandten Ludwig II. kaum geändert. Karl May setzte lebenslang auf Veränderungen von oben, durch das Engagement aufgeklärter Monarchen.

Lässt man die Eigenbeweihräucherung Mays als Welterlöser beiseite, signalisiert der Roman „Am Jenseits" allerdings tatsächlich den Übergang zum weitgehend unbekannten, doch literarästhetisch wertvollen Spätwerk Mays. Die äußere Handlung, die Jagd nach geraubten schiitischen Reliquien, ist nur noch Rahmen für den symbolischen Kampf Gut gegen Böse. Vor allem ist es ein biographischer Schlüsselroman. Hanneh, Halefs Frau, der in den Bänden des Orient-Zyklus noch eine völlig passive Rolle zugewiesen wird, zeigt sich mitunter besonnener als die männlichen Helden, einschließlich des bis dahin stets makellosen Ich-Erzählers Kara Ben Nemsi. Durch die Visionen des bereits erwähnten Münedschi, eines blinden Sehers in der Wüste, vermag May ganz unverblümt mit dem despotischen Vater und dessen lieb- und verständnislosen Umgang mit Frau und Kindern abzurechnen. Gleichzeitig idyllisiert er das so gar nicht unproblematische Verhältnis zur 1885 gestorbenen Mutter, indem er sie als Geistwesen Ben Nûr zu den Menschen sprechen lässt. Es ist nicht mehr der Karl May früherer Abenteuerromane. In „Von Bagdad nach Stambul" kann er den grausamen Abrahim Mamur, ein eindeutiges Vaterimago, noch in einem mit ödipaler Symbolik aufgeladenen Racheakt für den Raub Senitzas vom Galata-Turm stürzen lassen.

In „Am Jenseits" verschwindet 1899 der nicht minder schurkische Ghani dann im Unbestimmten. May weiß inzwischen, dass es vor den Geistern der Vergangenheit, die sich im Unbewussten angesiedelt haben, kein Entrinnen gibt. „Am Jenseits" spielt an und mit Grenzen. Und das sind längst nicht mehr die Stammesgrenzen zwischen verfeindeten Beduinen oder Kurden, sondern die der eigenen, innerlich zerrütteten Existenz. Im nach seiner Reise entstehenden Spätwerk wird er sie überschreiten.

Die große Orientreise

Am 26. Mai 1899 tritt der nun schon siebenundfünfzigjährige Schriftsteller zunächst in Begleitung von Emma und Klara Plöhn um 8.50 Uhr vom Dresdner Bahnhof seine Morgenlandfahrt an. Zwischen beiden Frauen tobt bereits der Zickenkrieg, der für Emma von Anfang an verloren ist. Ein sich im Laufe der Jahre verstärkendes Unterleibsleiden macht ihr zu schaffen. Die inzwischen dreiundvierzigjährige ehemalige „Rose von Ernstthal" verblüht. Die fünfunddreißigjährige Klara, verheiratet mit dem elf Jahre älteren, chronisch nierenkranken Ernst Plöhn, hatte die bessere Startposition. May nutzt die Rivalitäten in seinem – wie er es nennt – „Harem" zu seinen Gunsten. Der im Unterschied zu seinen Selbstdarstellungen gesundheitlich labile Endfünfziger fühlt sich auf der Reise umsorgt und umschwärmt. Wie oft hatten sich Kara Ben Nemsi oder Old Shatterhand über mangelnde Liquidität beklagt, die sie von der finanziellen Unterstützung spleeniger Engländer abhängig machte oder sie zwang, Jobs als Detektiv anzunehmen?! Solche Sorgen plagen ihren geistigen Vater längst nicht mehr. Für die Reise steht die für damalige Verhältnisse erstaunliche Summe von 50 000 Mark zur Verfügung.

Auch nach abfälligen Bemerkungen über gutbetuchte Touristen, die getreulich den in den Reiseführern beschriebenen

Karl May in Port Said, 1899

Routen folgen, braucht man in den Romanen oder in seinen Briefen der Neunzigerjahre an Leser und Verleger nicht lange zu suchen. Die Lektürebesessenen wussten nicht, dass ihr Idol geradezu übervorsichtig auf den Spuren des „Baedecker Ägypten", 4. Auflage, wandelte. Schon die europäischen Stationen gemahnen an die üblichen Bildungsreisen klassikbegeisterter Oberlehrer. Über Freiburg, wo man Verleger Fehsenfeld besucht, geht es nach Lugano, Genua, Rom und Neapel bis nach Messina. Bereits am 4. April 1899 hatte May sich in Genua von seinen Begleitern – Ernst Plöhn war später zum Trio Infernale hinzugestoßen – verabschiedet und auf dem Reichspostdampfer „Preußen" des Norddeutschen Lloyd eingeschifft. Fünf Tage später betritt er in Port Said erstmals in seinem Leben außereuropäischen Boden.

Doch im Grunde verlässt er den gar nicht erst. Denn im Unterschied zu seinen Romanhelden wählt er keine Gefahr verheißende Unterkunft im Beduinenzelt, sondern quartiert sich standesgemäß im Luxushotel „Continental" ein, von wo es am 14. April per 1. Klasse im Zug nach Kairo weitergeht. Dort zeigt er sich laut Kartengruß vom 21. mit seinem Hotel „Bavaria" „außerordentlich zufrieden". Kein Wunder, denn hier bietet man – nomen est omen – den gewohnten häuslichen Lebensstandard. Getreulich klappert Karl die im Baedecker empfohlenen einschlägigen Sehenswürdigkeiten wie die Sphinx oder die Pyramiden ab. Ohnehin bleibt zum Sightseeing nicht viel Zeit, da er Hunderte von Ansichtskarten verfasst. Schließlich muss Kara Ben Nemsi Legionen von Anhängern „aus allen Schichten der Bevölkerung", Exponenten von „Thron und Altar", Münchner Prinzessinnen und Regensburger Bischöfen, mitteilen, dass es ihn endlich wieder einmal an den Stätten seiner Abenteuer verschlagen hat.

Auch in der einheimischen Presse setzt er Nebelkerzen. Die deutschsprachige „Ägyptische Zeitung" vermeldet am 14. Mai, dass „der bekannte Reiseschriftsteller Dr. Karl May" von Kairo aus plant, demnächst „Mesopotamien und die Syrische Wüste zu durchqueren". Auch die Heimat will unterrichtet sein. Bei dem Chefredakteur der „Pfälzer Zeitung" beklagt er sich brieflich, dass ihn die Engländer, die dort gerade das islamistische Mahdi-Reich zerschlagen hatten, nicht offiziell in den Sudan einreisen lassen wollen. So muss er wohl „als Kara Ben Nemsi" seine „alten Kamelwege nehmen". Anschließend „will ich über Mekka zu meinem Hadschi Halef und mit ihm durch Persien nach Indien. Sie sehen, dass meine Bücher nicht in meiner Studierstube entstehen, wie hie und da ein kluger Mann sich ausgesprochen hat."

Vorerst präsentiert er erst mal einen Hadschi-Halef-Ersatz. In Kairo mietet er sich – natürlich schriftlich in fünf Paragraphen und unter Zeugen abgeschlossenen Dienstvertrag und nicht per stolzem Beduinenwort und Handschlag der Romane bekräftigt – seinen Diener Sajd Hassan an, dem er als Sajd Omar im Roman „Und Friede auf Erden" ein Denkmal setzen wird. In dessen Begleitung reist er am 25. Juni ins Heilige Land. Am 9. September ist er wieder in Suez, von wo aus er am 11. September über Aden mit der „Bayern" nach Colombo reist, wo er am 6. Oktober 1899 eintrifft. In Padang auf Sumatra, wo er sich zwischen dem 12. und 23. November 1899 aufhält, erleidet May einen ersten Nervenzusammenbruch. Dokumentiert ist das durch rückblickende, nicht für die Öffentlichkeit bestimmte Erinnerungen seiner Witwe Klara: „Aus Sumatra schrieb K.M. nach Hause, dass er einen Anfall jener schrecklichen, quälenden Beeinflussung gemacht habe, die ihn zu seinen unsinnigen Taten zwang. Er habe 8 Tage gegen diesen Anfall kämpfen müssen und sich in dieser Zeit, wie ihm nachträglich klar wurde und wie ihm sein Diener Hassan sagte, wie ein Irrsinniger benommen. Ein Zwang trieb ihn, alle Nahrung in den Abort zu werfen. Er tat es und hungerte, bis endlich der Normalzustand siegte." Zu extrem ist die Konfrontation mit den banalen Realitäten des Nahen Ostens, die so gar nicht den exotischen Märchenwelten aus 1001 Nacht oder „Durch die Wüste" ähneln. Nach einem Monat Kairo schreibt er am 17. Mai 1899 an seine Frau: „Grad weil das Leben des Orients so inhaltslos, so oberflächlich, schmutzig und lärmvoll ist, wirkt es auf die besser veranlagten Menschen vertiefend, bereichernd, reinigend, beruhigend und befriedigend. Man wendet sich unbefriedigt und bedauernd ab und geht nach innen."

Mays duales Weltbild erlaubt wenig Differenzierungen; der tatsächliche Zugang zur islamischen Welt und ihren Menschen ist ihm schon durch die Sprachbarriere verwehrt. Zudem lernt er in den touristischen Zentren – von den eigentlichen Schauplätzen seiner Romane hält er sich geflissentlich fern – die Schattenseiten des Nahen Ostens kennen. Die fremde Kultur ist auch diesmal nur Resonanzboden eigener Interessen. Diente sie bislang als exotische Staffage für literarische Eskapismen, erlaubt sie ihm jetzt innere Einkehr und Abkehr von der Oberfläche. Denn nun vollzieht sich tatsächlich ein innerer Wandel, aus Supermännern werden Edelmenschen. Die Anzeichen für einen drohenden Zusammenbruch waren überdeutlich. Unter Seelenqualen verabschiedete sich May vom Shatterhand-Imago, was ihm jahrelang einen Panzer gegen die alten Ängste verliehen hatte. Am 15. September berichtet er aus Aden, dass er jetzt „das gerade Gegenteil vom früheren Karl" sei. „Der ist mit großer Ceremonie von mir in das rothe Meer versenkt worden, mit Schiffssteinkohlen, die ihn auf den Grund gezogen haben." Am Tag darauf verfasst er ein depressiv anmutendes Gedicht: „Ich bin so müd, so herbstesschwer. Und möchte am liebsten scheiden gehen." May verfolgen Todessehnsüchte.

In diesem ohnehin angegriffenen Gemütszustand erreichen ihn während eines Aufenthaltes in Massaua in der italienischen Kolonie Eritrea deutschen Zeitungen mit ersten Meldungen über seine „unsittlichen" Kolportageromane, die durch den umstrittenen Verkauf der Rechte durch die Münchmeyer-Witwe an Fischer und dessen Publikationspläne in den Focus der Öffentlichkeit geraten. May ist körperlich und seelisch am Ende. Er sehnt sich nach Zuneigung und Verständnis. Nachdem er am 24. November dem Ehepaar Plöhn und seiner Frau ein Telegramm mit der Bitte, sich mit ihm in Port Said zu treffen, gesandt hat, reist er zurück nach Ägypten, wo er am 11. Dezember 1899 eintrifft. Beunruhigt über das Ausbleiben der so sehnlich Erwarteten reist er eine Woche später mit seinem Diener nach Marseille. Dort erfährt er, dass sich die Vermissten im Küstenstädtchen Arenzano unweit Genuas, damals wie heute ein beliebtes Touristenziel, aufhalten. Da der nach eigenem Bekunden zum Skelett abgemagerte Karl May völlig erschöpft ist und auch Richard Plöhn und Emma erkrankt sind, beschließen die Ehepaare, in Arenzano zu überwintern. Vom 9. bis zum 27. April 1900 sind die Mays und die Plöhns dann in Kairo, wo sie das übliche touristische Programm mit Pyramidenbesuch und Erinnerungsfoto auf dem Kamel absolvieren. Anschließend reist man nach Palästina und am 28. Mai 1900 in den Libanon und nach Syrien, um dann Istanbul anzusteuern, wo Emma und die Plöhns Zeugen eines erneuten Zusammenbruchs werden.

Klara berichtet rückblickend: „Ein zweiter Fall, den ich miterlebte, trat ein in Konstantinopel, wo er eines Nachts an einem Ort gewesen, wo zu damaligen Zeiten noch im Verborgenen der Mädchenhandel betrieben wurde. Der Ort und die dort verkehrenden Menschen müssen auf K. M. einen derartigen Eindruck gemacht haben, dass er nach dem Besuch in einen derart unnormalen Zustand geriet, der uns so beunruhigte und erschreckte, dass wir befürchteten, ihn einer Irrenanstalt zuführen zu müssen." Es ist schließlich ein gewaltiger Unterschied, ob man wie in „Von Bagdad nach Stambul" als Kara Ben Nemsi schurkischen Menschenhändlern in der osmanischen Metropole das Handwerk legt oder in der nackten Realität hilflos Zeuge solcher Verbrechen wird. Am 7. Juli schiffen sich die Ehepaare via Athen ein, und nach einer Reise durch Griechenland und Italien ist man am 31. Juli 1900 wieder in der „Villa Shatterhand".

„Und Friede auf Erden!"

Karl May war fast anderthalb Jahre im Orient. Dass sich seine eigene Welt in jener Zeit verändert hat, weiß er noch nicht. Doch das Elend, das er auf der Reise mit eigenen Augen links und rechts ausgetretener Touristenpfade gesehen hat, sensibilisiert ihn gegenüber den kolonialen und imperialen Bestrebungen der europäischen Mächte. Im Herbst 1900 schlägt ein internationales Expeditionskorps in China den sogenannten „Boxeraufstand", eine national-revolutionäre Bewegung, nieder. Der deutsche Kaiser hatte bei der Verabschiedung der deutschen Einheiten in Bremerhaven seine berüchtigte Hunnenrede gehalten: „Kommt ihr vor den Feind, so wird er geschlagen. Pardon wird nicht gegeben, Gefangene nicht gemacht. Wer euch in die Hände fällt, sei in eurer Hand. Wie vor tausend Jahren die Hunnen unter ihrem König Etzel sich einen Namen gemacht, der sie noch jetzt in der Überlieferung gewaltig erscheinen läßt, so möge der Name Deutschlands in China in einer solchen Weise bekannt werden, daß niemals wieder ein Chinese es wagt, etwa einen Deutschen auch nur scheel anzusehen!"

Nun gingen die meisten groben Späße in Karl Mays Jugenderzählung für den „Guten Kameraden", „Kong-Kheou. Das Ehrenwort", deren Buchausgabe seit 1892 unter dem Titel „Der blaurote Methusalem" vertrieben wird, auf Kosten der Chinesen. Während an der Überlegenheit Weißer jeglichen Alters und Spezies – gleich ob Gymnasiast, gammaalkoholischer Burschenschaftler oder bierseideltransportierender Neufundländer – nie ein Zweifel aufkommt, wird so ziemlich jedes nationalistische oder rassistische Vorurteil gegenüber Chinesen – ob Gelehrter, Beamter oder Flusspirat macht da keinen Unterschied – bedient. Diese überhebliche Perspektive gegenüber Menschen aus dem „Reich der Mitte" behält May auch in der Wildwest-Erzählung „Der schwarze Mustang" bei. Chinesen, die in der Realität beim Bau der amerikanischen Eisenbahnen die körperlich schwersten, gefährlichsten Tätigkeiten übernahmen, werden als grausam, schmutzig, feige, diebisch und hinterhältig beschrieben.

So nimmt der Verleger Kürschner, der 1901 ein Sammelwerk „China. Schilderungen aus Leben und Geschichte, Krieg und Sieg. Ein Denkmal den Streitern und der Weltpolitik" herausbringen will, an, dass May in einem dafür erstellten Beitrag ähnlich argumentieren wird. Doch der Autor unterwanderte den chauvinistischen Grundton des zunächst in Heftlieferungen vertriebenen Bandes. Mit seinem Beitrag „Et in Terra Pax" – in der bearbeiteten Buchform heute unter dem deutschen Titel „Und Friede auf Erden" bekannt – steuert er einen pazifistischen Text, der offen gegen jegliche Form von Rasenhass und nationalistischer Überheblichkeit Position bezieht, bei. Kürschner, der schon vor Erscheinen mit dem berühmten Namen geworben hatte, kann nur noch säuerlich konstatieren, dass May etwas anderes als das von ihm gewohnte geliefert habe ...

Doktorspiel und Rosenkrieg

Nach den Veränderungen der Reise zeigte auch seine Ehe zunehmende Auflösungserscheinungen. Zum Ärger Karls war Emma auf der Fahrt zu historischen Stätten in Griechenland oder Italien regelmäßig eingenickt. Den ausufernden Monologen ihres Mannes zu Werk- und Persönlichkeitserneuerung vermag sie ohnehin längst nicht mehr zu folgen. Da ist doch Klara Plöhn, die Frau des Freundes, von ganz anderem Kaliber: Immer aufgeschlossen und wissbegierig, kann sie dem kleinen Monomanen stundenlang zuhören. May glaubt plötzlich „zu erkennen, dass sie doch vielleicht nicht das ‚Gänschen' sei, für das ich sie bisher gehalten hatte". Und die Sache entwickelt sich: Bald wird er bei Klara „künstlerische Anschauungen" und „einen sehr guten, offenen Blick für Alles, was sich Köstliches ihr bot" diagnostizieren. Letztere Bemerkung lässt sich mit heutigem Kenntnisstand durchaus doppeldeutig interpretieren. Klara verbinden mit Karls Ehefrau Emma laut heute bekannten Tagebuchaufzeichnungen mehr als freundschaftliche Gefühle.

Ihrem Mann Richard Plöhn geht es indessen zunehmend schlechter. Nachdem sich sein Zustand nach den Anstrengungen der Reise rapide verschlechtert hat, erliegt er am 14. Februar 1901 der Brightschen Krankheit, einem heimtückischen Nierenleiden. Mit Richard Plöhn verliert May den besten und treuesten Freund seines Lebens. Nach dem Tod ihres Mannes scheint Klara bald gezielt auf eine Zerstörung von Mays erster Ehe hingearbeitet zu haben. Dabei nutzt sie geschickt ihre Rolle als Privatsekretärin, die ihr das ja inzwischen recht vermögende Ehepaar in der unerwartet schwierigen wirtschaftlichen Situation der ersten Zeit als Witwe angetragen hat. Für ein fixes Jahresgehalt von 3000 Mark bearbeitet sie seit dem Sommer 1902 auch die Fanpost, die sie mit „Emma May" zu unterzeichnen hat. Und als tüchtige Bürokraft will sie natürlich auch das ins Wanken geratene Image ihres neuen Arbeitgebers aufpolieren.

Dazu gehört, dass der Doktortitel, den ihm der 1892 verstorbene Kolportageverleger Münchmeyer vor Jahrzehnten angedichtet hat, endlich auf eine juristisch unanfechtbare Grundlage gestellt wird. May ließ sich im Morgenrot der „Old-Shatterhand"-Legende 1888 im Radebeuler Melderegister, dem alljährlich aktualisierten regionalem Adressbuch, als Doktor eintragen. Nachdem das jahrelang klappt, fehlen ausgerechnet 1898, May ist auf dem Gipfel des Ruhms angelangt, plötzlich die zwei für ihn so wichtigen Buchstaben vor dem Namen. Und der Autor, der nie ein Hochschulstudium absolvierte, beschwert sich tatsächlich! Unbeeindruckt vom Protest Old Shatterhands untersagt ihm die Amtshauptmannschaft Dresden die Führung des Titels umgehend und ganz offiziell. Doch Klara, die dem angebeteten Chef und Noch-Ehemann der Anderen einmal mehr beeindrucken möchte – und schließlich will man einen „Herrn Doktor" heiraten –, lässt nicht locker. Sie schreibt an eine amerikanische „Privatuniversität". Und wieder einmal werden die USA ihrem Ruf als „Land der unbegrenzten Möglichkeiten" gerecht. Am 12. Dezember 1902 trifft in der „Villa Shatterhand" die Promotionsurkunde der „Universitas Germania Americana" aus Chicago ein. Vergebens – die sächsischen Behörden erkennen die graphisch doch so hübsch verschnörkelte Urkunde nicht an. Auf die besorgte Nachfrage, zu der Klara die Mutter ihres ersten Mannes drängt, teilt der deutsche Konsul in Chicago mit, dass die 1897 von John Malok, einem bereits verblichenen Friseur, gegründete „Universität" nie „als reputable [...] anerkannt worden" sei, ja vermutlich nur auf dem Papier existiert habe. Nachdem man es noch einmal bei einer Berliner „Doktormühle" versucht und aufgrund von deren offensichtlicher Windigkeit dann doch Abstand nimmt, bleibt es fortan beim schlichten „Karl May".

Inzwischen hatte Klara ihr großes Ziel ohnehin erreicht: Traut man Mays Aussage, so holte sich Emma die Witwe Plöhn ursprünglich als Bundesgenossin gegen den ihr immer fremder scheinenden eigenen Mann ins Haus. Doch Klara dreht den Spieß um. Unter ihrem Einfluss stellt Karl May bald den Sex mit seiner Ehefrau ein und zieht aus dem ehelichen Schlafgemach in eine Dachkammer der „Villa Shatterhand". Emma verkündet er, zukünftig geschlechtlich enthaltsam zu leben, da er „höheren Zielen zustrebe und sich von der Materie frei machen wolle". Bald wird er feststellen, dass die Abstinenz ihn nicht edler, sondern nur unzufriedener macht. Und der stete Tropfen höhlt den Stein: Am 4. März 1903 wird die Scheidung einer nur noch auf dem Papier existierenden Ehe zwischen Emma und Karl May rechtskräftig, und bereits am 30. März 1903 heirateten Karl May und Klara Plöhn, geborene Beibler, zunächst standesamtlich und einen Tag darauf „vor Gott" in der nur wenige Gehminuten von der „Villa Shatterhand" entfernten Lutherkirche in Radebeul. In ihr Tagebuch, dem sie einst innige Kontakte zu Mays erster Frau anvertraute, trägt Klara ein: „Mein ganzes Leben soll fortan meinem unendlich verehrten Manne geweiht sein. Ich will versuchen, seiner würdig zu werden. Will mich zu seiner Höhe aufzuringen versuchen."

„… keine erfreuliche Kulturerscheinung"

Karl May erwachsen inzwischen neue erbitterte Feinde aus ganz verschiedenen Lagern, die ihm die verbleibenden Lebensjahre zur Hölle werden lassen. Sie eint nur eins: der Hass auf May, seine Romane und nicht zuletzt deren Erfolg. Derjenige, den May wiederum bald so verabscheut, dass er dem ansonsten wahrscheinlich längst Vergessenen ein Denkmal in einem Schlüsselroman setzt, ist Redakteur der „Frankfurter Zeitung" und heißt Friedrich Mamroth. Nach den Anschuldigungen der „Aschaffenburger Zeitung" im Januar 1899, Mays Werke hätten dortige minderjährige Kriminelle inspiriert, begannen bayerische Schulbibliotheken, den Autor „ob seiner gefährlichen Phantasien für die Jugend" aus ihren Regalen zu entfernen. Eine entsprechende Zeitungsnotiz vom 31. Mai 1899 veranlasst Mamroth, sich näher mit dem Autor zu befassen. Getrieben wird er nur vorgeblich von hehren Motiven eines investigativen Journalismus. Tatsächlich schwelte in ihm der Neid des Verfassers wenig erfolgreicher Reiseberichte und Theaterstücke, des Kritikers, der viel lieber ein gefeierter Bestsellerautor geworden wäre.

Der Leiter des Feuilletons der „Frankfurter Zeitung" griff May, der sich auf seiner Orientreise befand und von dem Ärger zunächst nichts mitbekam, erstmals am 3. Juni 1899 anonym an. Geschickt gesteht er zunächst May schriftstellerische Begabung zu, um dann anhand einer Analyse seiner Texte festzustellen, dass er die in den Dienst einer schlechten Sache stelle. Das Ganze mündet in der für die Mayschen Abenteuererzählungen ja durchaus berechtigten Einschätzung: „Wir [...] fanden, dass sie alle nach einer bestimmten Schablone zurechtgemacht sind." Doch um zu vermeiden, dass der Wilhelminische Durchschnittsleser seine Zeitung mit einem zustimmenden Nicken zur Seite legt und zu seinen bürgerlichen Alltagsgeschäften zurückkehrt, muss man die Geschichte in größere Zusammenhänge einordnen. So setzt Mamroth nach: „Wir halten also die ganze Karl May-Literatur für keine erfreuliche Kulturerscheinung." Und der erfahrene Zeitungsmann weiß genau, wie man einen medien- und auflagenträchtigen Skandal inszeniert und aus einer Mücke einen Elefanten macht. So provoziert er die Karl-May-Gemeinde: „Auf die Gefahr hin, die zahlreichen Anhänger des Autors aufs schmerzlichste zu verletzen, geben wir schließlich noch der Meinung Ausdruck, dass Karl May die fernen Länder, die er so anschaulich schildert, mit keinem Fuß betreten hat."

Karl May, Porträt um 1905

Die Rechnung geht auf: Freunde und Verehrer des Autors gehen bereitwillig in die nicht einmal besonders geschickt gestellte Falle. Verleger Fehsenfeld berichtet in einem Leserbrief von Mays angeblichem Ritt zu den Haddedihn-Beduinen, Freund Plöhn verlangt eine Gegendarstellung, und empörte Anhänger des Autors zitieren aus gerade aus dem Orient erhaltenen Postkarten. Darauf hat Mamroth gewartet. Er veröffentlicht diese Briefe und konfrontiert sie mit Stellungnahmen vermeintlicher USA- und Nahost-Experten zu sachlichen Fehlern in Mays Büchern. Anschließend holt er selbst am 17. Juni 1899 zum Gegenschlag aus. Trotz erwiesener Minderwertigkeit und Verlogenheit dürfe man den Radebeuler Autor nicht unterschätzen. Er wandle „auf Wegen, die abseits von der politischen Tagespresse liegen" und sei dadurch zu „einem Faktor in den geistigen Strebungen der Gegenwart geworden, mit dem man zu rechnen hat". Und dann wirft sich der, wie ihn der rasende Reporter Egon Erwin Kisch treffend charakterisiert, „allwissende und unfehlbare Fedor Mamroth" zum „Obersten Richter in Frankfurt", zum Gralshüter kerndeutschen Wesens auf: „Das aber, was wir unter gar keinen Umständen schweigend ertragen können [...], das ist der Kultus der Unwahrheit, der in diesen für die deutsche Jugend bestimmten Geschichten betrieben wird."

Doch das reicht nicht: Sein quälender, nagender Neid auf den Bestsellerautor lässt Mamroth keine Ruhe. So geht er zur schlichten Verleumdung über. Unter der Überschrift „Bei den bayerischen Haddedin" lässt er in einem Artikel am ersten Juli durchblicken, dass Karl May gar nicht im Nahen Osten, sondern in Bad Tölz zur Kur weile. Da das Heilbad deutschlandweit als Linderungsort für Menschen mit Geschlechtskrankheiten bekannt ist, suggeriert Mamroth einen in den Augen seiner Leser besonders moralisch verwerflichen Makel ihres geliebten Autors. Emma May und die Plöhns, die May aufgeregt telegraphisch um Nachforschungen vor Ort bittet, stoßen in der Kurliste in Bad Tölz tatsächlich auf seinen Namen, was auf eine beginnende Rufmordkampagne schließen lässt. In deren Rahmen wird der verhasste Autor weiter pathologisiert. Genüsslich zitiert Mamroth einen ungenannt bleibenden „Berliner Schriftsteller" aus Lausanne (!), der diagnostiziert, dass Karl May „wohl nur vom Standpunkt des Psychiaters zu betrachten" sei.

Mamroth bleibt nicht der einzige Feind in der deutschen Presse. Am 5. Juli 1899 greift Hermann Cardauns, Hauptschriftleiter der einflussreichen katholischen „Kölnischen Volkszeitung", dessen Angriffe auf. Nagt an Mamroth der Neid des vermeintlich verkannten Genies, so treibt Cardauns die Sorge um das Ansehen der katholischen Literatur in Deutschland um. Als populäres Zugpferd für den „Deutschen Hausschatz" war May vor dem Hintergrund des Kulturkampfes einst hochwillkommen gewesen. Doch nachdem der Mohr seine Schuldigkeit getan hatte, schaute man sich lieber in der „hohen" Literatur nach Fürsprechern um. Aus dieser Position gab Cardauns May den „guten Rat", darauf zu verzichten, „Jules Verne und den Apostel Paulus in einer Person darzustellen, sich auf das erstere Genre beschränken und dabei, wenn eben möglich, seinen Stil verbessern". Das wiederum war Wasser auf die Mühlen der liberalen „Frankfurter Zeitung", die zwei Tage darauf titelte: „Zu fromm! Die Klerikalen schütteln Herrn Karl May von ihren Rockschößen ab." Es ist zum Jagen geblasen. Begeistert stürzt sich der Schriftleiter der Hamburger „Jugendschriften-Warte" Heinrich Wolgast auf die mayfeindlichen Artikel und sorgt für deren überregionale

Verbreitung im Kaiserreich. May war Jugendschützern jeglicher ideologischer Couleur, gleich ob im Kaiserreich, im NS-Staat oder in der DDR, in ihrem Kampf gegen „Schund und Schmutz" ein Dorn im Auge. Die werden ihn lange über seinen Tod verfolgen. Doch schon zu Lebzeiten lässt Wolgast nicht locker. 1902 bezeichnet es seine „Jugendschriften-Warte" als „die Pflicht aller ernst denkender Erzieher […], die Jugend vor den wilden Ausgeburten der Phantasie eines May zu bewahren", und am 23. Januar 1910 fasst Wolgast selbst zusammen: „Mays Schriften sind literarisch wertlos, reizen die Stoffgier und Sensationslust der Jugend und töten alles feinere ästhetische Empfinden."

Ab dem 27. September 1899 erscheint unter dem Titel „Karl May und seine Gegner" in der katholischen Dortmunder Zeitung „Tremonia" eine dreiteilige, von May während der Reise selbst verfasste Replik unter dem Namen seine Freundes Richard Plöhn, die vom „Bayrischen Courier" nachgedruckt wird. Darin fingiert der Autor ein angeblich bereits 1891 mit Richard Plöhn geführtes Gespräch, was wieder einmal den Eindruck eines von der ersten Zeile an entworfenen Lebensplans, sich und seine Gemeinde „Empor ins Reich der Edelmenschen" zu schreiben, vermitteln soll. Ganz Menschheitsprophet ahnte er bereits damals die Reaktion der Öffentlichkeit auf seine Bemühungen: „Ich lege die Sonde an die großen Wunden der Gegenwart; das schmerzt. Ich zeige die Heilung auf dem Wege des Glaubens, der Liebe und des Friedens. Es gibt aber Unzählige, welche diesen Glauben, diese Liebe und diesen Frieden nicht wollen; sie werden über mich herfallen." Mit der Jahrhundertwende muss ihm eben alles ins Bedeutend-Allgemeine geraten.

„Nuditäten, üppige Formen, lüsterne Bilder"

Mays Erlösung von den Qualen, die ihm seine alten und neuen Feinde bereiten, besteht in einer Umdichtung seines Werkes zu einem angeblichen Gesamtplan.

Mit den Abenteuerromanen samt ihren äußerlich perfekten Helden, die sich von den Ebenen der Sahara oder der Prärie in die reinigenden Höhen der Rocky Mountains oder der klaren Luft kurdischer Bergwelten aufwärts bewegen, habe er seine Leser zielstrebig immer schon behutsam auf das anspruchsvolle symbolische Spätwerk vorbereitet. Darin reifen diese Supermänner auf dem Weg von den niederen Sümpfen Ardistans in die reinen Höhen Dschinnistans nun auch innerlich zum Edelmenschen. Dabei stehe er mit den ersten Bänden noch ganz am Anfang; viele weitere Romane im Stil von „Silberlöwe" und „Ardistan und Dschinnistan" seien geplant.

Mit dieser Selbstinszenierung handelt er im Sinne von Nietzsches „Fröhlicher Wissenschaft": „Jeder große Mensch hat eine rückwirkende Kraft". May ordnet und deutet die Geschichte seines Lebens und seiner Texte neu und stellt sie in einen großen, neuerfundenen Sinnzusammenhang, einen Mythenkosmos. Doch damit überfordert er seine herkömmlichen Leser, die ganz anderes von ihm gewohnt sind.

Zu einer sachlichen Feststellung wie die, „daß kein vernünftiger Mann auf die Idee kommen werde, daß ein einziger Mensch das Alles erlebt haben könne" raffte er sich allerdings erst 1910 in seiner Autobiographie „Mein Leben und Streben" auf. Da waren Ruf und Gesundheit längst ruiniert. Denn daran arbeiteten inzwischen nicht nur sensationslüsterne Journalisten oder selbstgerechte Jugendschützer, sondern auch profitbewusste Unternehmer.

1901 startete der Verleger Adalbert Fischer in Dresden seine Serie „Karl May's illustrierte Werke", in der bis 1906 alle fünf Kolportageromane präsentiert werden. Schriftliche Verträge, die das Recht an diesen Texten eindeutig geklärt hätten, waren mit Münchmeyer, dessen Witwe den Verlag an Fischer verkauft hatte, nie aufgesetzt worden. Die Drohung Mays mit einer Schadenersatzklage bei Neudruck und Lüftung des Pseudonyms beeindrucken den mit allen Wassern gewaschenen Fischer somit wenig. Ohnehin hatte ja bereits Münchmeyer 1883 „Die Liebe des Ulanen" unter Mays Namen, der das alles inzwischen vergessen glaubt, veröffentlicht. Da sich May seiner wackligen Position durchaus bewusst ist, zögert er mit der Verwirklichung seiner Drohung noch bis Ende 1901. Erst am 10. Dezember reicht May eine Unterlassungs- und Schadenersatzklage gegen Adalbert Fischer wegen unbefugten Nachdrucks und Verletzung des Urheberrechts ein. Er löst damit eine Lawine von über 100 Folgeprozessen aus, deren Ende er nicht über- bzw. erleben wird.

Das Erscheinen der „Liebe des Ulanen" zu Beginn des Jahres, das Adalbert Fischer mit großem Werbeaufwand begleitet, sorgt für Aufsehen in der Presse. Man wittert den Skandal. Hat der Autor hochmoralisch-didaktischer Romane, die in katholischen Familienblättern vorabgedruckt wurden, vielleicht eine dunkle, pornographische Seite? May tritt die Flucht nach vorn an. Bereits im März 1901 macht er im „Allgemeinen Wahlzettel für den deutschen Buch- und Musikalienhandel" und im „Börsenblatt für den deutschen Buchhandel" seine bevorstehende gerichtliche Auseinandersetzung mit Fischer öffentlich. In derselben Nummer ist denn auch dessen „Entgegnung!" abgedruckt, in der der Kolportageverleger der Wahrheit gemäß erklärt, dass „Die Liebe des Ulanen" „von demselben Karl May in Dresden-Radebeul ‚Villa Shatterhand"' stammt, „der die bekannten Reiseerzählungen geschrieben hat".

Die Presse stürzt sich begeistert auf diese scheinbar so sensationelle Eröffnung. Am 3. März 1901 meldet die Wiener „Reichspost" empört, dass er Autor von „schmutzigen Colportageromanen" ist, die „noch schmutziger illustriert" seien. Bereits einen Tag darauf schreibt May an einen Wiener Freund, dass ihn solch „durch die druckerschwarze Welt" brausende Stürme völlig kalt ließen. Dazu wäre er „viel zu gesund". Das wird sich schnell ändern.

Einen wichtigen Beitrag zu Mays seelischem und körperlichem Zusammenbruch leistet der Benediktinerpater Ansgar Pöllmann. Dieser „Gottesminnenmann" wird sich bis an Mays Lebensende dem Kampf gegen dessen „Schmutzromane", die „eine recht kräftige Dosis erotischer Sinnlichkeit" vermitteln und „von einer gewissen Lüsternheit nicht freizusprechen" sind, verschreiben. Noch 1910 verkündet der selbsternannte Erlöser von solchem Übel in der „Freien Stimme", Karl May einen Strick drehen zu wollen, „um diesen Händler aus dem Tempel der deutschen Kunst hinauszupeitschen". Diese Philippika lässt allerdings eher eine sadomasochistische Triebkompensation des zum Zölibat Verdammten denn aufrichtiges moralisches Interesse vermuten.

Auch Redakteur Cardauns fühlt sich 1901 erneut zum Tugendrichter berufen, der es nicht mehr bei schnöden Pressebeiträgen bewenden lässt. Mit öffentlichen Vorträgen wird er zum Reisenden in Sachen Mayhetze. Die über den Jahreswechsel 1901/1902 in Dortmund, Elberfeld, Koblenz und Köln vorgetragenen Thesen, die er in seinem Pamphlet „Karl May von der anderen Seite" am ersten April 1902 in den

„Historisch-politischen Blättern für das katholische Deutschland" wiederholt, fassen im Grunde die Urteile zeitgenössischer Tugendwächter zusammen: „Ein bevorzugtes Thema bilden tiefe und tiefste Negligés, durchsichtige Kleider, Nuditäten, üppige Formen, lüsterne Bilder aller Art, furchtbare Rohheiten, Verführung, Sittlichkeitsverbrechen, Ehebruch, gemeine Wüstlings- und Dirnen-Erlebnisse, eine unendliche Bordellgeschichte – oft bis zur Unerträglichkeit ausgemalt, und unzählige Male derart bei den Haaren herbeigezogen, daß man den Zweck, Befriedigung der niedrigsten Instinkte, mit Händen greifen kann." Der Karl-May-Kenner mag heute vielleicht sogar mit einem gewissen Bedauern konstatieren, dass Cardauns hier von einem anderen Autor schreiben muss. Solcherart Bordellphantasien des Wilhelminischen Spießbürgers, der zum Schutze der Tugend seiner Töchter darauf achtet, dass die Tafeltücher das unzüchtige Gedanken provozierende Tischbein in Gänze bedecken, findet man bei May nicht.

Karl May reist nach Amerika

In den letzten Lebensjahren kommt May kaum noch zur Ruhe. Einmal, im September 1908, erfüllt er sich einen letzten großen Wunsch: Er fährt nach Amerika.

Nach zehntägiger Schiffsreise – natürlich 1. Klasse – gehen Klara und er am 15. September in New York von Bord. Wie es sich für ein Seniorenehepaar gehört, hält man sich nur im gesitteten Osten auf. Die nicht einmal acht Wochen USA sind im Vergleich zur großen Orientreise der Jahrhundertwende eine Spritztour. Wie dort weicht man nicht von bewährten Baedecker-Pfaden ab. Versenkte Karl May damals Shatterhand im Roten Meer, so arbeitet dessen zukünftige Witwe

Karl May 1908 an Bord des „Großen Kurfürsten"

inzwischen schon zu Lebzeiten des Autors an dessen Aufer-
stehung. Um den Daheimgebliebenen zu dokumentieren,
dass ihr Mann angeblich schon wieder einmal in Amerika
weilt, schleppte Klara eine aufwendige Fotoapparatur mit sich
herum. So entsteht dann die vermutlich einzige Aufnahme
Mays mit einem Ureinwohner. Der abgelichtete Tuscarora,
ein Stamm, den man aus Coopers „Pfadfinder"-Welt, aber
nicht aus dem „Winnetou"-Kosmos kennt, hat mit dem Ideal-
bild vom edlen Wilden nichts zu tun. Bart, Filzhut und Ho-
senträger des Abgelichteten lassen solche Assoziationen gar
nicht erst aufkommen. Doch Klara lässt sich von solchen Klei-
nigkeiten nicht beeindrucken. 1931 – Mays Bücher verkauf-
ten sich auch dank ihres unermüdlichen Einsatzes wieder

glänzend – verbreitet sie in einem an die gläubige Fangemeinde gerichteten Bändchen „Mit Karl May in Amerika", dass der sich da entschlossen hätte, „mich hier im Hotel sitzen zu lassen und für ein paar Wochen allein weiterzureisen. Es geschah. [...] Der Yellowstone, die Apatschen waren sein Ziel." Selbstredend wandelte ihr Mann weder 1908 noch jemals zuvor oder danach auf Indianerpfaden in Wyoming oder Neumexiko.

Der 1910 in Buchform erscheinende Band „Winnetou IV", heute als „Winnetous Erben" populär, in der er Reiseeindrücke mit einer fiktiven Handlung verknüpft, ist Mays letzter zu Lebzeiten erschienener Roman. Als Führer des Clubs der „Winnetous", eine Art Wildwest-Bolschewiki, überwindet Prärie-Lenin Shatterhand ein Jahrzehnt vor der russischen Revolution Profitdenken, Rassen- und Klassenhass. Ähnlich der Leninschen Formel, dass Kommunismus die Summe von Rätemacht und Elektrifizierung ist, nutzt man dazu Diaprojektoren und Flugapparate.

Am 6. Dezember 1908 ist man wieder zu Hause in Radebeul. Dort wartet erneuter Ärger mit dem Journalisten Rudolf Lebius. Schon 1902 erreichte Karl May während einer Reise zum Gardasee Post von diesem späteren Intimfeind, worin er dessen Werk in überschwänglicher Weise feierte. May, durch ähnliche Vorfälle gewarnt, beschleicht der zutreffende Verdacht, es geht dem vorgeblichen Lektürebegeisterten vor allem um den schnöden Mammon.

Lebius hatte viele Jahre für die sozialdemokratische Presse gearbeitet. Nach dem Austritt aus der SPD übernahm er 1904 in Dresden die Redaktion der „Sachsenstimme", ein – wie Karl May bemerkt – „Revolverblatt niedrigsten Ranges". Da sich das nicht verkaufte, sucht er nach spektakulären Themen und sprudelnden Geldquellen. Weil der Radebeuler Autor seine Bitten um ein günstiges Darlehn und ein Interview ablehnt, liest man am 11. September 1904 unter der Schlagzeile „Mehr Licht über Karl May. 160 000 Mark Schriftstellereinkommen" Lebius' ersten Artikel in der „Sachsenstimme", dem schnell weitere ähnlichen Grundtons folgen. Dass May am 19. Dezember 1904 Lebius wegen Beleidigung und versuchter Erpressung anzeigt, verursacht lediglich eine weitere Prozesswelle, die durch die Indiskretion eines Richters am 5. Oktober 1905 Mays Vorstrafen hochspült, von denen Lebius bislang nichts wusste. Im Laufe der nächsten Jahre wird unter seiner maßgeblichen Mitwirkung an einer Phalanx der Karl-May-Gegner geschmiedet.

Eine wichtige Etappe auf dem Weg dieser für den Autor tatsächlich apokalyptischen Reiter ist ein scheinbarer Sieg Mays in der Münchmeyer-Auseinandersetzung. Am 11. Februar 1907 leistet er vor dem Landgericht Dresden einen sogenannten Parteieneid. Da ja keine schriftlichen Verträge existieren, die belegen, dass der Kolportageverleger seine Romane ohne entsprechende Honorarzahlungen vertrieb, muss May die Richtigkeit seiner Aussagen zu den einst mündlich getroffenen Vereinbarungen „bei Gott dem Allmächtigen und Allwissenden" beschwören. Das Gericht verurteilt daraufhin Pauline Münchmeyer zur Rechnungslegung. Die gibt sich nicht geschlagen. Am 15. April 1907 zeigt ihr Anwalt Gerlach „May und Genossen" – das sind vier von May benannte Zeugen, darunter sogar Exfrau Emma – nun seinerseits wegen „Partei-Meineids und Verleitung pp." an. Der völlig gegenstandslose Vorwurf wird erst 22 Monate später niedergeschlagen. Doch bis dahin mahlen die Mühlen der Justiz besonders gründlich.

Rechtsanwalt Gerlach steht in guter Verbindung zu Avenarius und Lebius, die er nun intensiv mit bislang nur im Hause Münchmeyer und diversen Staatsanwaltschaften bekannten Details über Mays kriminelle Vergangenheit versorgt. Inzwischen stehen also so unterschiedliche Persönlichkeiten wie die Redakteure Avenarius, Cardauns und Mamroth, Pater Pöllmann und die Witwe Münchmeyers direkt und indirekt über ihre Anwälte und deren diverse Freunde unter den Richtern in permanenter Verbindung, um das Vorgehen gegen den verhassten Autor taktisch wie strategisch zu koordinieren. So hat man auch Sympathisanten im Dresdner Justizapparat, der in ihrem Sinne vorgeht. Da sich Klara und Karl ob der Unsinnigkeit des Meineid-Vorwurfs in Sicherheit wiegen, trifft sie eine überfallartige Hausdurchsuchung in den Morgenstunden des 9. November 1907 durch einen Staatsanwalt, einen Untersuchungsrichter, einen Protokollanten und vier „Criminalgendarmen" besonders hart. Nach einem Konzertbesuch am Vorabend war es sehr spät geworden, sodass man das Ehepaar noch bei der Morgentoilette überrascht; Klara vermerkt am Abend in ihr Tagebuch, dass sie „noch nicht einmal angezogen waren". Bereits während der Durchsuchung macht der Staatsanwalt hämische Bemerkungen, die seine Sympathie für Lebius erkennen lassen. Am frühen Nachmittag werden sämtliche Schriftstücke – u. a. die Promotionsurkunde aus Chicago – Mays beschlagnahmt und in das Königliche Landgericht nach Dresden geschafft. Karl May erleidet einen Nervenzusammenbruch, von dem er sich nur langsam erholt.

Lebius lässt währenddessen nicht locker. 1908 wird er die Broschüre „Karl May – ein Verderber der deutschen Jugend" publizieren. In einem Brief an die Weimarer Opernsängerin Selma vom Scheidt, eine Freundin der inzwischen ebenfalls in der Klassikerstadt wohnenden Emma May, vom 12. November 1909 bezeichnet er Karl May als „geborenen Verbrecher". Als die Künstlerin den Autor davon in Kenntnis setzt, erstattet der am 17. Dezember 1909 nun wieder Anklage „wegen verleumderischer Beleidigung". Lebius setzt kurz vor Weihnachten mit dem bisher diffamierendsten Artikel „Hinter den Kulissen socialdemokratischer Prozessführung" nach. Darin fabuliert er über die angebliche Vergangenheit Mays als ehemaligen erzgebirgischen Räuberhauptmann, was von der Presse erneut begeistert aufgegriffen wird. Dass May in verschiedenen deutschen Zeitungen Richtigstellungen platziert und im Januar 1910 eine weitere Klage wegen Verleumdung anstrengt, hält Lebius nicht auf. Am Ende dieses für May mit Dutzenden Gerichtsterminen und Prozessen angefüllten Jahres 1910 präsentiert er mit „Die Zeugen Karl May und Klara May. Ein Beitrag zur Kriminalgeschichte unserer Zeit" sein umfänglichstes Pamphlet in dieser Sache, dessen Verbreitung allerdings durch eine einstweilige Verfügung gestoppt wird. Der Vorwurf des „geborenen Verbrechers" steht über Jahre weiter im Raum. Erst in einer Berufungsverhandlung am Landgericht in Berlin-Moabit am 18. Dezember 1911 wird Lebius deswegen endgültig wegen Beleidigung zu einer Geldstrafe von 100 Mark verurteilt.

Es ist die letzte moralische Genugtuung Mays vor dem Triumph in Wien. Die Gesundheit ist bereits völlig zerstört; er ist ein vom Tode gezeichneter Mann. Bereits seine im Dezember 1910 erschienene Autobiographie schließt mit den erschütternden Zeilen: „Meinen Körper, den früher so unverwüstlich scheinenden, hat es endlich doch gepackt. Er will zusammenbrechen. […] Ich möchte am liebsten sterben, sterben, sterben." Die große Öffentlichkeit erreicht dieser Schmer-

Grabstätte Karl Mays in Radebeul

zensschrei der gequälten Kreatur zu Mays Lebzeiten nicht mehr, da Lebius, der sich darin entlarvt sieht, eine einstweilige Verfügung erwirkte und May eine abgeschwächte Version nicht mehr realisierte.

Am 18. Dezember erfährt Karl May in Berlin vor den Schranken der Justiz Gerechtigkeit, am 23. März vor den Menschen Wiens. Eine Woche darauf ist er tot.

Mythen und Symbole
Das umstrittene Spätwerk

Unter dem Pseudonym „Von einem dankbaren May-Leser"
verfasst der Autor 1902 die Schrift „Karl May als Erzieher",
der 178 Leserbriefe angefügt sind. Verleger Fehsenfeld ver-
treibt sie in 100 000 Exemplaren für 10 Pfennig pro Stück.
Mit Schaum vor dem Mund laufen Cardauns und Genossen
nun wiederum juristisch gegen Fehsenfeld Sturm, der dem
Ganzen durch einen Vergleich ein Ende setzt. Im Februar
1903 einigt sich May zunächst auch mit dem Verleger Fischer,
der seinerseits zubilligen muss, dass alles „Unsittliche" in den
Werken, die er nun weiterdrucken darf, „nicht aus der Feder
des Herrn Karl May" stammt, „sondern von dritter Seite früher hineingetragen" wurde. Der Forderung Mays, eben jene
Stellen zu tilgen, kommt er selbstverständlich nicht nach. Er
ist viel zu sehr damit beschäftigt, den Bedarf an üppig illustrierten Kolportagewerken, die wie einst bei Münchmeyer erneut reißend Absatz finden, nachzudrucken.

Genau das Gegenteil passiert mit Mays aktuellen Schöpfungen, dem sogenannten „Spätwerk". Es wird bis heute von
der Mehrzahl der Karl-May-Leser ignoriert. In der Regel
kauft man sich die entsprechenden „Grünen Bände", um die
Karl-May-Sammlung zu komplettieren.

May muss Fehsenfeld nach 1900 immer wieder schmei-
cheln: „Es gehört ein energischer, thätiger, elastischer und
zahlungsfähiger Verleger dazu, für den nur meine Intentio-
nen maßgebend sind, nicht aber die von andern Leuten."
Noch vor dem Umschwung der Orient-Reise erscheint bei

Fehsenfeld der erste und zweite Band von „Im Reiche des silbernen Löwen". Es sind Romane im Stil der herkömmlichen Abenteuererzählungen wie „Old Surehand I" oder „Durch das Land der Skipetaren". Im Unterschied zu jenen Texten aus Mays ultraproduktiven Hochzeiten ist es allerdings ein lieblos zusammengestückeltes Extrakt aus einschlägigen Situationen, die den Abschluss der Epoche der herkömmlichen Wildwest- und Orientabenteuer und damit den Bruch zwischen Reiseerzählung und Spätwerk markieren. Am Heiligabend 1902 schreibt May an den Verleger: „Bemerken Sie, daß mit Band IV eine neue Aera angebrochen ist? Der bisher so schweigsame ‚Silberlöwe' tritt endlich, endlich aus seiner Felsenverborgenheit hervor. [...] Merken Sie nun endlich, wie Karl May gelesen werden muß? Schreibt er nur für dumme Jungs? Bitte, lesen Sie ihn ja noch einmal! Von vorn, von ganz vorn! Aber geistig! Sie werden dann finden, daß Sie etwas ganz Anderes drucken ließen, als Sie glaubten! Unsere Bücher sind für Jahrhunderte bestimmt. [...] Also: Meine Zeit ist endlich da!'

Die Bände III und IV von „Im Reiche des silbernen Löwen" erscheinen erst 1902 bzw. 1903. Manches am dritten Band mutet zunächst wie eine Spiegelung der Pestepisode aus „Von Bagdad nach Stambul" auf einer verinnerlichten Ebene an: Wie einst im Todeshauch der Todeskarawane erkranken Kara und Halef in der Nähe der Ruinen von Babylon kurz hintereinander lebensgefährlich an Typhus. Doch während im Orient-Zyklus nach der vergleichsweise schnellen Genesung die unterbrochene romanübergreifende Jagd nach den Gefährten des Schut wieder aufgenommen wird, verweilt man nun für den Rest der Handlung an einem zentralen Ort: Die beiden Helden werden im Tal der Dschamikum bei dort fest ansässigen Bauern gesund gepflegt. Der sich hinziehende Prozess der Rekonvaleszenz bietet Raum für ausführliche Träume und Dialoge.

Der letzte Großmystiker?

Mit vier Romanen – dem dritten und vierten Band des „Silberlöwen" und dem zweiteiligen „Ardistan und Dschinnistan" – beweist sich der inzwischen über Sechzigjährige, der Tausende von Seiten beschrieben hat, als, wie es Arno Schmidt schrieb, „Großmystiker" deutscher Sprache. Es ist die erschütternde Abrechnung mit dem eigenen Leben und der Auseinandersetzung mit seinen Feinden in Form eines vielschichtigen Schlüsselromans. Im Mittelpunkt des dritten und vierten Silberlöwenbandes steht die Figur des Stammesoberhauptes der Dschamikum, des Ustad. Der Ustad, persisch für „Meister", ist in Biographie und Wesen der Doppelgänger des Erzähler-Ichs, also Karl Mays. Mit ihm steigt er im wörtlichen und allegorischen Sinne in endlosen Dialogen aus dem Reich der Superhelden „Empor ins Reich der Edelmenschen":

„‚Du bist Old Shatterhand?' fragte er. [...] ‚Ich war es,' antwortete ich ruhig, aber bestimmt. [...] ‚Du bist Kara Ben Nemsi Effendi?' ‚Ich war es,' erwiderte ich abermals.

‚Bist es nicht mehr? Beides nicht mehr?'

[...] ‚Beides nicht mehr!' nickte ich."

In einem ähnlich rituellen Akt überreicht der Ich-Erzähler Karl May, der nicht mehr Kara Ben Nemsi sein will, anschließend mit den Gewehren Bärentöter und Henrystutzen die nun überflüssigen Symbole seiner Superheldenexistenz.

Nicht zuletzt ist dieses bedeutende Alterswerk im Unterschied zu seinem größten Abenteuererfolg ein tatsächlicher Entwicklungs- und Bildungsroman. Wie im ersten

„Winnetou"-Band gesundet der kranke Held einmal mehr in luftiger Höhe. Was in „Winnetou I" die oberste Etage des stufenförmigen Pueblos oder bei Thomas Mann der „Berghof", ist hier das – wie das Apachenheim am Rio Pecos stufenförmig angelegte – „Hohe Haus" des Ustad. Bleibt sich der Ich-Erzähler im Abenteuerroman allerdings von Anfang bis zum Ende gleich, so verwandelt sich hier der Superheld in einen Normalsterblichen zurück.

Hinter den gefährlichsten Gegnern des Ustad, dem Ghulam el Multasim, genannt „der Henker", und Ahriman Mirza, dem „Fürst der Schatten", verbergen sich auf einer ersten Leseebene die Feinde Mays in der realen Welt: Cardauns und Mamroth. In der lasziven Gul-i-Schiraz – die ehemalige Rose von Ernstthal wurde zur Rose von Schiras – erkennt der heutige Leser Emma May, von der sich Karl im Entstehungsprozess des Romans scheiden lässt. Das Werk spielt nicht grundlos „Im Reiche des silbernen Löwen", also Persien. So ist Ahriman, benannt nach dem bösen Prinzip der dort beheimateten zoroastrischen Lehre, auch ein Gleichnis auf Nietzsche. Der Philosoph war kurz nach Mays Heimkehr von der Orientreise am 25. August 1900 in geistiger Umnachtung verstorben. Sein 1889 in Turin ausgebrochener Wahnsinn äußerte sich u. a. darin, dass er im Zusammenbruch ein Pferd umarmte. Der Ahriman Mirza Mays verliert den Verstand, als er von seinem misshandelten Pferd „Teufel" – der ist bei Nietzsche positiv konnotiert – in den Kopf gebissen wird.

Den einen amoralischen Übermenschen feiernden Zarathustra Nietzsches empfindet May als Gegenstück zu seinem, dem humanistischen Ethos verpflichteten Edelmenschen. So legt er einem arroganten und heimtückischen Priester im „Silberlöwen" an Nietzsche gemahnende Sätze in den Mund:

„Diese niedrig stehende Menschheit mag an Liebe glauben, an Humanität, Barmherzigkeit und Frieden auf der Erde. Sie ist nicht reif. Sie würde sich entsetzen, wenn sie die Wahrheit hörte. Die Liebe ist die größte Lüge, die es gibt; nur der Haß allein ist wahr. Jedes lebende Wesen trachtet nach sich selbst, ist Egoist. [...] Je größer ein Wesen ist, desto gewaltiger ist seine Selbstsucht." Anschließend setzt sich May im „Silberlöwen" über mehrere Seiten in Jambenform mit „Also sprach Zarathustra", das 1903/04 schon zum Kultbuch einer im Geiste des Chauvinismus und nationalem Dünkels erzogenen Jugend geworden war, auseinander.

Mit der Kunstfigur des Ahriman zeigt sich Karl May im letzten Lebensjahrzehnt auf einem Scheitelpunkt mythischer Schöpferkraft. Bis heute entdecken kreative Köpfe immer wieder das Potenzial dieser Figur der persischen Mythologie. Im weltweit erfolgreichen Computerspiel „Prince of Persia" ist 2008 der düstere Gott Ahriman der Gegenspieler des Titelhelden.

Mythengründer: May, Tolkien und Lucas
Doch noch wesentlich näher stehen der dritte und vierte Teil von „Im Reiche des silbernen Löwen" dem gigantischen Werk „Der Herr der Ringe". Es finden sich keine Hinweise, dass dessen Autor J. R. R. Tolkien, der mit der deutschen Literatur ausgesprochen vertraut war, Karl Mays Werk kannte. Die Ähnlichkeit beider Epen liegt im Rückgriff auf Versatzstücke der nordischen Mythologie. Ein Fingerzeig auf seine Vertrautheit mit dem germanischen Sagenkreis findet sich nicht zufällig bei May in der Beschreibung Ahriman Mirzas: „Ich hatte einmal ein Bild gesehen: Loki mit dem herrlichen Heimdall um Friggas Halsband kämpfend. [...] Und nun ich diesen Ahri-

man Mirza vor mir stehen sah, war es mir, als ob er jenem Maler als Modell gesessen haben müsse." Ansonsten bieten die bei beiden dominierende Turm- und Höhlensymbolik, die Ähnlichkeit Gandalfs und des Ustad einschließlich der Wunderpferde beider oder unterwürfig-hinterhältige Kreaturen wie Gollum faszinierende Ansatzpunkte für eine parallele Lektüre.

Das Vergnügen am Vergleich mit Tolkien steigert sich bei Mays 1909 in Buchform erschienenem zweibändigen Alterswerk „Ardistan und Dschinnistan". Im übertragenen Sinne reitet Kara Ben Nemsi nun endgültig für Gondor. Konnte man Orte wie Kerbala oder den Schah von Persien in „Im Reiche des silbernen Löwen" noch in der realen Welt verorten, so schafft May hier einen ähnlich in sich geschlossenen Märchenkosmos mit eigener Historie, Geographie sowie Flora und Fauna wie Tolkien mit Mittelerde. Es ist eine Collage aus Versatzstücken des zeitgenössischen Symbolismus, Christoph Martin Wielands Kunstmärchen, der nordischen Mythologie, Dantes „Göttlicher Komödie" und „Inferno", kruden archäologischen Irrtümern, den großen Menschheitsutopien von Thomas Morus oder Miltons „Verlorenem Paradies". Wer will, findet zudem beeindruckende Endzeitszenarien wie in Alfred Kubins im selben Jahr erschienenem Werk „Die andere Seite".

Karl May ist damit am Ziel seiner Mythologie angelangt. Die Idee vom Stern Sitara mit den Reichen Ardistan und Dschinnistan und der seelenläuternden Geisterschmiede als Allegorie des Menschheitsschicksals wird er noch in Wien einem begeisterten Publikum vortragen. Es ist nach heutigen Gesichtspunkten und Leserinteressen Mays modernstes, für ein aktuelles jugendliches Lesepublikum interessantestes

Werk. Immer wieder wird darüber diskutiert, warum und ob Karl May bei Heranwachsenden nicht mehr den Platz wie vor wenigen Jahrzehnten einnimmt. Die Gründe sind vielfältig. Natürlich spielt die Konkurrenz neuer digitaler Medien eine entscheidende Rolle. Doch damit tut sich die Buchwelt prinzipiell schwer. Der Exotikfaktor seiner Geschichten ist in einer Zeit, in der man Reisen zum Rio de la Plata oder nach Texas beim Discounter bucht oder mit einem Kurden oder Peruaner im Supermarkt in der Schlange steht, relativ uninteressant.

Ein wichtiger Grund, dass gerade May heute längst nicht mehr so beliebt ist wie einst, liegt im unterschiedlichen Weltwissen der damaligen und heutigen Lesergenerationen. May schrieb für Schüler des humanistischen Gymnasiums klassischer Prägung mit seiner Konzentration auf Geisteswissenschaften und alte Sprachen. Unzählige für das Verständnis seiner Geschichten notwendige Hintergrundinformationen und Anspielungen können Abiturienten von heute nicht mehr entschlüsseln. Die großen Zeiten des Western, zu denen man „Winnetou" oder „Ölprinz" im weitesten Sinne rechnen kann, sind ohnehin passé. Das Argument, Kinder und Jugendliche würden keine „dicken Bücher" mehr lesen, ist angesichts der millionenfachen begeisterten Lektüre von „Der Herr der Ringe" oder „Harry Potter" hinfällig. Deren ungleich größerer Beliebtheits- und Bekanntheitsgrad liegt vor allem in der Marktdominanz des angelsächsischen Medienverbundes begründet. Doch auch mit international erfolgreichen Bestsellern wie „Tintenherz" der deutschen Autorin Cornelia Funke können „Unter Geiern" oder „Old Surehand" nicht mithalten. Den klassischen Erzählungen vor 1900 fehlt, was Tolkien, Rowling oder Funke im Übermaß bieten: das Fantasy-Element.

Doch gerade das bietet das symbolträchtige, sich an ähnlichen Mythen wie z. B. Tolkien orientierende Spätwerk Karl Mays zur Genüge. Die von ihm in einem „Waschzettel" für „Ardistan und Dschinnistan" aufgeführten Figuren zeigen in ihrer mystischen Symbolik eine ganze Reihe erstaunlicher Parallelen zum „Herr der Ringe"- oder Hogwarth-Universum mit ihren geheimnisumwitterten Orten und Bestiarien: „die Riesengestalt des ‚Eingemauerten Hergotts', das ‚Alabasterzelt', das ‚Versteinerte Gebet', die ‚Verkalkten Seelen'. Die ‚Wage der Gerechtigkeit' [...] ‚Die Stadt der Todten', die ‚Schlacht am Dschebel Allah', die ‚Wasserscheide von el Hadd', die ‚Dschemma der Verstorbenen'" oder „die ‚Dschemma der Lebenden'". Wenn sich auf dem Höhepunkt von „Ardistan und Dschinnistan" am Sockel eines riesenhaften steinernen Engels aus grauer Vorzeit der längst verschollen geglaubte Zugang zum unterirdischen ‚Fluss des Friedens' findet, ist das nicht minder mystisch aufgeladen wie der Geheimgang im Sockel einer zerstörten antiken Monumentalfigur in der US-Fernsehserie „Lost". Und wie in diesen Epen geht es auch bei May um nichts weniger als die Rettung der Menschheit, wobei die Kämpfer für Dschinnistan einiges mit den Jedi-Rittern aus Georges Lucas' „Star Wars"-Universum gemein haben: Beider Lichtgestalten werden mit scheinbaren Niederlagen gegen die „dunkle Seite" nur stärker. Die Parallelen von Mays Werk zu den großen medialen Mythen sind damit natürlich längst nicht erschöpft.

Solange allerdings Karl Mays Aktualität unberücksichtigt bleibt und sein Spätwerk als schwer lesbar gilt, wird sein Stern weiter verblassen.

Quellen

Sabine Beneke; Johannes Zeilinger (Hg.), Karl May. Imaginäre Reisen, Berlin/Bönen 2007

Joseph Campbell, Der Heros in tausend Gestalten, Frankfurt a. M./Leipzig 2000

Rolf-Bernhard Essig / Gudrun Schury, Karl-May-ABC, Leipzig 1999

Josef Früchtl, Das unverschämte Ich. Eine Heldengeschichte der Moderne, Frankfurt M. 2004

Christian Heermann, Winnetous Blutsbruder. Karl-May-Biografie, Bamberg/Radebeul 2002

Mary Henderson, Magie und Mythos. Die phantastischen Welten des George Lucas und ihre Ursprünge, Köln 1998

Wolfgang Hermesmeier; Stefan Schmatz, Karl-May-Bibliographie 1913–1945, Bamberg 2000

Iselin Gundermann, Berlin als Kongressstadt 1878, Berlin 1978

Gerhard Klussmeier; Heiner Plaul, Karl May und seine Zeit. Bilder, Dokumente, Texte, Bamberg/Radebeul 2007

Bernhard Kosciuszko (Hg.), Das große Karl-May-Figurenlexikon, Berlin 2000

Thomas Kramer, Der Orient-Komplex. Das Nahost-Bild in Geschichte und Gegenwart, Ostfildern 2009

Karl May, Das Buch der Liebe, Bamberg/Radebeul 2006

Karl May, Das Buschgespenst, Radebeul 1939

Karl May, „ICH". Karl Mays Leben und Werk, Bamberg 1985

Karl May, Old Shatterhand in der Heimat, Bamberg/Radebeul 1997

Karl Mays Werke. Herausgegeben von Hermann Wiedenroth. Digitale Bibliothek, Berlin 2003

Thomas Mann, Joseph und seine Brüder, Frankfurt a. Main 1971

Ders., Der Zauberberg, Frankfurt a. Main 2002

Dominik Melzig, Der kranke Mann und sein Freund. Mays Stereotypenverwendung als Beitrag zum Orientalismus, Hamburg 2003

Hainer Plaul, Illustrierte Karl May Bibliographie. Unter Mitw. von Gerhard Klußmeier, Leipzig 1988

Robert Müller, Tropen. Der Mythos der Reise, Paderborn 1990

Claus Roxin u. a. (Hg.), Jahrbuch der Karl-May-Gesellschaft, Husum 1970–2010

Lothar Schmid; Bernhard Schmid (Hg.), Am Marterpfahl. Karl Mays Leidensweg, Bamberg/Radebeul 2001

Lothar Schmid; Bernhard Schmid (Hg.), Der geschliffene Diamant. Die gesammelten Werke Karl Mays, Bamberg/Radebeul 2003

Lothar Schmid; Bernhard Schmid (Hg.), In fernen Zonen. Karl Mays Weltreisen, Bamberg/Radebeul 1999

Arno Schmidt, Sitara und der Weg dorthin, Bargfeld/Zürich 1993

Helmut Schmiedt, Karl May. Leben, Werk und Wirkung, Berlin 1992

Dieter Sudhoff (Hg.), Zwischen Himmel und Hölle. Karl May und die Religion, Bamberg/Radebeul 2003

Ders. (Hg.), Die blaue Schlange und andere Karl-May-Geschichten. Bamberg/Radebeul 2004

Ders. / Hans-Dieter Steinmetz (Hg.), Karl-May-Chronik, Bamberg/Radebeul 2005

Ders. / Hartmut Vollmer (Hg.) Karl Mays „Ardistan und Dschinnistan", Oldenburg 1997

Diess. (Hg.), Karl Mays „Und Friede auf Erden!", Oldenburg 2001

Diess. (Hg.), Karl Mays „Im Lande des Mahdi", Oldenburg 2003

Diess. (Hg.), Karl Mays Orientzyklus, Paderborn 1991

Diess. (Hg.), Karl Mays „Im Reiche des silbernen Löwen", Paderborn 1993

Diess. (Hg.), Karl Mays „Satan und Ischariot", Oldenburg 1999

Diess. (Hg.), Karl Mays „El Sendador", Oldenburg 2005

Diess. (Hg.), Karl Mays „Weihnacht!", Oldenburg 2007

Diess. (Hg.), Karl Mays „Winnetou", Oldenburg 2007

Gerd Ueding (Hg.), Karl-May-Handbuch, Würzburg 2001

Klaus Walther, Karl May, München 2002

Hermann Wohlgschaft, Karl May – Leben und Werk, Bargfeld 2005

Hans Wollschläger, Karl May. Grundriß eines gebrochenen Lebens, Göttingen 2004

Stefan Zweig, Die Welt von gestern, Berlin/Weimar 1990

Johannes Zeilinger, Autor in fabula. Karl Mays Psychopathologie und die Bedeutung der Medizin in seinem Orientzyklus, Husum 2001

Bildnachweis

© Bildquelle: Karl-May-Museum Radebeul bei Dresden.
Der Verlag dankt Herrn Hans Grunert, Karl-May-Museum
Radebeul, für die Bereitstellung der Bildvorlagen.